【南通篆刻艺术史的亮点】

东皋与西园

DONG GAO YU XI YUAN

王树堂 编著

苏州大学出版社
Soochow University Press

图书在版编目（CIP）数据

东皋与西园 / 王树堂编著. —— 苏州：苏州大学出版社，2017.5
（江海文化丛书 / 姜光斗主编）
ISBN 978-7-5672-2045-4

Ⅰ．①东… Ⅱ．①王… Ⅲ．①篆刻家-列传-南通 Ⅳ．①K825.72

中国版本图书馆CIP数据核字（2017）第101819号

书　　名	东皋与西园
编　　著	王树堂
责任编辑	张　希
出版发行	苏州大学出版社
	（苏州市十梓街1号　215006）
印　　刷	南通超力彩色印刷有限公司
开　　本	890×1240　1/32
印　　张	6.25
字　　数	157千
版　　次	2017年5月第1版
	2017年5月第1次印刷
书　　号	ISBN 978-7-5672-2045-4
定　　价	22.00元

苏州大学版图书若有印装错误，本社负责调换
苏州大学出版社营销部　电话：0512-65225020
苏州大学出版社网址　http://www.sudapress.com

"江海文化丛书"编辑委员会

主　任：季金虎
委　员：李明勋　姜光斗　李　炎　施景铃
　　　　沈启鹏　周建忠　徐仁祥　黄振平
　　　　顾　华　陈　亮　吴声和　陈冬梅
　　　　黄鹤群　尤世玮　王建明　陈鸿庆
　　　　沈玉成

主　　　编：姜光斗
执行副主编：尤世玮　沈玉成

"江海文化丛书"总序

李　炎

由南通市江海文化研究会编纂的"江海文化丛书"（以下简称"丛书"），从2007年启动，2010年开始分批出版，兀兀穷年，终有所获。思前想后，感慨良多。

我想，作为公开出版物，这套"丛书"面向的不仅是南通的读者，必然还会有国内其他地区甚至国外的读者。因此，简要地介绍南通市及江海文化的情况，显得十分必要，这样便于了解南通的市情及其江海文化形成的自然环境、社会条件和历史过程；同时，出版这套"丛书"的指导思想、选题原则和编写体例，一定也是广大读者所关心的，因此，介绍有关背景情况，将有助于阅读和使用这套"丛书"。

南通市位于江苏省中东部，濒江（长江）临海（黄海），三面环水，形同半岛；背靠苏北腹地，隔江与上海、苏州相望。南通以其独特的区位优势及人文特点，被列为我国最早对外开放的14个沿海港口城市之一。

南通市所处的这块冲积平原，是由于泥沙的沉积和潮汐的推动而由西北向东南逐步形成的，俗称江海平原，是一片古老而又年轻的土地。境内的海安县沙岗乡青墩新石器文化遗址告诉我们，距今5600年左右，就有先民在此生息繁衍；而境内启东市的成陆历史仅300多年，设县治不过80余年。在漫长的历史过程中，这里有沧海桑田的变化，有八方移民的杂处；有四季分明、雨水充沛的"天时"，有产盐、植棉的"地利"，更有一代代先民和谐共存、自强不息的"人和"。19世纪末20世纪初，这里成为我国实现早期现代化的重要城市。晚清状元张謇办实业、办教育、办慈善，以先进的理念规划、建设、经营城市，南通走出了一条与我国近代商埠城市和曾被列强所占据的城市迥然不同的发展道路，被誉为"中国近代第一城"。

南通于五代后周显德五年（958）筑城设州治，名通州。北宋时一度（1023—1033）改称崇州，又称崇川。辛亥革命后废州立县，称南通县。1949年2月，改县为市，市、县分治。1983年，南通地区与南通市合并，实行市管县新体制至今。目前，南通市下辖海安、如东二县，如皋、海门、启东三市，崇川、港闸、通州三区和国家级经济技术开发区；占地8 001平方公里，常住人口约770万，流动人口约100万。据国家权威部门统计，南通目前的总体实力在全国大中城市（不含台、港、澳地区）中排第26位，在全国地级市中排第8位。多年来，由于各级党委、政府的领导及全市人民的努力，南通获得了"全国文明城市"、"国家历史文化名城"、"全国综合治理先进城市"、"国家卫生城市"、"国家环保模范城市"、"国家园林城市"等称号，并有"纺织之乡"、"建筑之乡"、"教育之乡"、"体育之乡"、"长寿之乡"、"文博之乡"等美誉。

江海文化是南通市独具特色的地域文化，上下五千年，南北交融，东西结合，具有丰富的历史内涵和深邃的人文精神。同其他地域文化一样，江海文化的形成，不外乎两种主要因素，一是自然环境，二是社会结构。但她与其他地域文化不尽相同之处是：由于南通地区的成陆经过漫长的岁月和不同阶段，因此移民的构成呈现多元性和长期性；客观上又反映了文化来源的多样性以及相互交融的复杂性,因而使得江海文化成为一种动态的存在,是"变"与"不变"的复合体。"变"的表征是时间的流逝,"不变"的表征是空间的凝固;"变"是组成江海文化的各种文化"基因"融合后的发展,"不变"是原有文化"基因"的长期共存和特立独行。对这些特征,这些传统,需要全面认识,因势利导,也需要充分研究和择优继承,从而系统科学地架构起这一地域文化的体系。

正因为江海文化依存于独特的地理、自然环境,蕴含着自身的历史人文内涵,因而她总会通过一定的"载体"体现出来。按照联合国教科文组织的分类,"文化遗产"可分为四类:即自然遗产、文化遗产、自然与文化遗产、非物质文化遗产。而历史文化人物、历史文化事件、历史文化遗址、历史文化艺术等,又是这四类中常见的例证。譬如,我们说南通历代人文荟萃、名贤辈出,可以随口道出骆宾王、范仲淹、王安石、文天祥、郑板桥等历代名人在南通留下的不朽篇章和轶闻逸事;可以随即数出三国名臣吕岱,宋代大儒胡瑗,明代名医陈实功、文学大家冒襄、戏剧泰斗李渔、曲艺祖师柳敬亭,清代扬州八怪之一的李方膺等南通先贤的生平业绩;进入近代,大家对张謇、范伯子、白雅雨、韩紫石等一大批南通优秀儿女更是耳熟能详;至于说现当代的南通籍革命家、科学家、文学家、艺术家以及各行各业的优秀人才,也是不胜枚举。在他们身上,都承载着江海文化的优秀传统和人文精神。同样,历史文化的其他类型也都是认识南通和江海文化的亮点与切入口。

本着"文化为现实服务,而我们的现实是一个长久的现实,因此不能急功近利"的原则,南通市江海文化研究会在成立之初,就将"丛书"的编纂作为自身的一项重要任务。

我们试图通过对江海文化的深入研究,将其中一部分能反映江海文化特征,反映其优秀传统及人文精神的内容和成果,系统整理、编纂出版"江海文化丛书"。这套"丛书"将为南通市政治、经济、社会全面和谐发展提供有力的文化支撑,为将南通建成文化大市和强市夯实基础,同时也为"让南通走向世界,让世界了解南通"做出贡献。

"丛书"的编纂正按照纵向和横向两个方向逐步展开。

纵向——即将不同时代南通江海文化发展史上的重要遗址(迹)、重大事件、重要团体、重要人物、重要成果经过精选,确定选题,每一种写一方面具体内容,编纂成册;

横向——即从江海文化中提取物质文化或非物质文化的精华,如"地理变迁"、"自然风貌"、"特色物产"、"历代移民"、"民俗风情"、"方言俚语"、"文物名胜"、"民居建筑"、"文学艺术"等,分门别类,进行归纳,每一种写一方面的内容,形成系列。

我们力求使这套"丛书"的体例结构基本统一,行文风格大体一致,每册字数基本相当,做到图文并茂,兼有史料性、学术性和可读性。先拿出一个框架设想,通过广泛征求意见,确定选题,再通过自我推荐或选题招标,明确作者和写作要求,不刻意强调总体同时完成,而是成熟一批出版一批,经过若干年努力,基本完成"丛书"的编纂出版计划。有条件时,还可不断补充新的选题。在此基础上,最终完成《南通江海文化通史》《南通江海文化学》等系列著作。

通过编纂"丛书",我有四点较深的体会:

一是有系统深入的研究基础。我们从这套"丛书",看到了每一单项内容研究的最新成果,作者都是具有学术素养的资料收集者和研究者;以学术成果支撑"丛书"的编纂,增强了它的科学性和可信度。

二是关键在广大会员的参与。选题的确定,不能光靠研究会领导,发动会员广泛参与、双向互动至关重要。这样不仅能体现选题的多样性,而且由于作者大多出自会员,他们最清楚自己的研究成果及写作能力,充分调动其积极性,可以提高作品的质量及成书的效率。

三是离不开各个方面的支持。这包括出版经费的筹措和出版机构的运作。由于事先我们主动向上级领导汇报,向有关部门宣传,使出版"丛书"的重要性及迫切性得到认可,基本经费得到保证;与此同时,"丛书"的出版得到苏州大学出版社的支持,出版社从领导到编辑,高度重视和大力配合;印刷单位全力以赴,不厌其烦。这大大提高了出版的质量,缩短了出版周期。在此,由衷地向他们表示谢意和敬意!

四是有利于提升研究会的水平。正如有的同志所说,编纂出版"丛书",虽然有难度,很辛苦,但我们这代人不去做,再过10年、20年,就更没有人去做,就更难做了。我们活在世上,总要做些虽然难但应该做的事,总要为后人留下些有益的精神财富。在这种精神的支撑下,我深信研究会定能不辱使命,把"丛书"的编纂以及其他各项工作做得更好。

研究会的同仁嘱我在"丛书"出版之际写几句话。有感而发,写了以上想法,作为序言。

2010年9月

(作者系南通市江海文化研究会会长,"江海文化丛书"编委会主任)

目 录

但将金石忆华年（自序）……………………………… 1

第一篇　江海印痕　铁画银钩 ………………………… 5

第二篇　如派印风　江东独步 ………………………… 10

第三篇　海派篆刻　传承有绪 ………………………… 65

第四篇　宏观近代　印学昌明 ………………………… 121

附录一　南通印学年表 ………………………………… 154

附录二　南通印人生卒年代及著作简表 ……………… 169

附录三　主要参考书目 ………………………………… 185

后记 ……………………………………………………… 187

但将金石忆华年(自序)

中国的篆刻艺术历史悠久,古代遗存十分丰富。有明一代,文人墨客主导了篆刻艺术的设计和操刀,逐渐形成各种印学流派。明代文彭、何震在吴门地区创立最早的文人流派即"文何派";南通邵潜师承何震,邵与其三大门弟子创立南通最早的文人印派,史称"如皋派"。清代后期,多位海派名家来通传艺或定居,使海派篆刻在南通薪火相传,代不乏人。近代印林,南通多种流派多元共存,人才辈出,艺术繁荣,前景远大。

20世纪50年代,余拜乡贤王西农、陈曙亭为师,获金石书画启蒙。此后经业师引见介绍,有幸先后访王个簃、丁吉甫、陈大羽诸名师,获亲炙法乳,立雪程门。名师指导,艺文并学,于篆学经典和篆刻史论亦长期探索;半个多世纪中收集大量书籍、报刊、实物。制作卡片、分门别类,以地方印学为研究重点,80年代以来,在各地书报刊发表研究或鉴赏文章数百篇。

加入南通市江海文化研究会之后,得到尤世玮、沈玉成等协会领导的指导,加快了研究的步伐,收集和探索的方向更为明确。在与《江海纵横》主编钦鸿先生的交往中,也获得不少帮助。2014年,钦先生参观了我主持设计的"篆刻阁"展厅,对我的篆刻史和地方印学研究多有建议,催促我向研究会申报计划。2015年年初,我将《南通古今印人史话》的写作计划呈报尤世玮副会长,会长和各位领导对书稿在范围、形式、体例等各方面做了详尽的指示,沈秘书长也具体做了写作提示。我一边整理资料,一边写作,同时继续通过各种渠道了解信息,收集素材,以一年时间写成书稿。

本书为记述南通地区历代篆刻家的纪实性文史著作,正文各章节,以年代为纵线,将如皋派、海派、近代各派一一叙述;各章列传的人物,亦以可考的出生年代先后排列,每节叙写一位印人或一个家族印人单元;文章起首为传主概况,依次列出姓名、生卒年份、艺术称号、里籍(籍贯)、字号、笔名、馆号等。

叙述部分为各传主的家庭情况、师承关系、求艺经历、艺坛交往、风貌逸事、学识成就。依据可信的文献资料、前人著述、艺术家著作、手迹、尺牍、报刊剪报、资料卡片、采风口述、家属回忆等多种渠道,加以归纳取舍,努力探索传主的艺术活动和生平事迹;结尾部分,介绍印人一生的著述和出版情况。

考虑不同专业和业余各类读者的阅读需要,在写作中注意了下面几点:(一)尊重史实,叙述有根有据,有话则长,无话则短。不杜撰、不臆造、不凭空推想;各种资料有说法不同的,如年代、地名、籍贯等,择其常见或多数的说法,或权威论著的提法,有时也将多种说法并列,注明出处,读者自辨。(二)行文以现行白话语体为主,间夹有文言或专业词语,乃为方便叙述和适应专业的阅读爱好,写作时尽量做到通俗易懂。(三)评论鉴赏文字力求公允客观,许多艺术史论、专业论著对作者的艺术风格、具体印章作品多有评论和批评,并且见仁见智;亦有各执一词,南辕北辙,评价观点不一致的,本书叙述尽量采用多数观点、正面议论，也适当引用一些不同观点甚至反面说法，注明出处，供研究参考。由于本人长期从事印章创作，对前人作品偶有感想写出，提供给读者，仅代表作者个人的立场。

本书的编写尚有几点让读者了解：

（一）全书篇幅计划在10~12万字之间，定稿后略有删削，主要对资料太少、难以铺陈的印人，还有几位对籍贯和界定有争议者，从原计划中删却。例如：童晏、童大年是崇明人，现划归上海，如不割断历史，还是可以写的；丁二仲有人认为是北通州人，或定居南京者，其时亦应放入本乡，多数著述称他为南通人；李方膺为画名掩盖印艺，文献中谈论其印艺较少见；费范九对整理和出版地方金石深有贡献，大量庋藏金石典籍和印章实物，西泠印社把赞助社友列入社史，本书也原可以列入费氏等人……这些，尚待日后的增订本或续编作为计划矣。

（二）当代出版业进入读图时代，印人文献中配以大量插图会提升书的品位和质量，扩大受众面，增加文献性、资料性、可读性；本书认真选用肖像、书影、书画真迹、印拓、手札等资料为插图，在阅读中增加直观效果，益嘉惠艺林和收藏界。

（三）按原撰写计划，正文后增加《南通印学年表》和《南通印人生卒年代及著作简表》两大附录，这是对全书叙述所做的资料补充，许多印人因多种原因未列入传记，这里，以表格的展示让读者对南通印人规模和他们的著作成就有所了解，也是检索南通印学活动、印人及其作品的一种准工具书，对于生卒年代未考的印人，仍列名录，无序排列，酌附于后。资料还在不断发现中，期待来日增补可也。

从20世纪50年代拜师学艺至今，金石创研度过了大半的人生；金石书画的喜好让艺术年华没有虚度，颇为充实。没有鲜花光环，没有掌声豪歌，半个多世纪的求索，在平凡平淡中收获真谛；一天天，一季季，听香读画，灾石垢赭，在丹青与木石中消磨有限的青春，在方寸和素笺中享受成功的乐趣；寒来暑往，敲键爬格，栉风沐雨，冷摊彷徨，在故纸堆中寻求着"与古为徒"的艺术快感。

今天，这本小册子作为前半生"学海染仓"的足迹，实为抛砖引玉，期待着方家的批评和正谬；艺术的青春并未老熟和衰退，我们有幸收获小康；在金石之道潇洒踏青，豪迈跨步。愿努力加饭，梳理可用信息，形成卷卷小文，用以报答恩师，回馈家乡，是为序。

王树堂
丙申初春于小万卷楼

第一篇 江海印痕 铁画银钩

中国的篆刻艺术，据史料记载，已有三千多年历史。秦汉时期，政治上的中央集权和国家统一之后经济发达、文化繁荣，使得篆刻艺术的实用和艺术水平大幅提高。人们常说"印宗秦汉"，认可秦汉是篆刻艺术的早期高峰期。

秦汉印章达到的艺术高峰，是广大书法家、篆刻家和工匠相互合作的艺术成果。真正由文人自写自刻，使印章创作进入登峰造极的艺术境界，则是明朝中后期的事。

赵昌智、祝竹著《中国篆刻史》说："中国文人印学，或者说中国篆刻艺术，发展到明代中叶，已经进入了成熟的时期。"

金石篆刻，在古代是指统治阶级和文人士大夫之间使用的印章。其材质十分讲究，多采用金、银、铜、玉来凿和铸。民间用石料刻印，不登大雅，很少流通。元朝，画家王冕初次采用花乳石刻印，这时，文人画家开始自写自刻，创作印章作品。这属于初始，尚没有出现大规模的文人自行刻制印章，社会上仍然以金属、玉等材质由工匠制印为主。

明代中后叶，文人从事篆刻开始盛行，文彭最早采用灯光冻石刻印，开创文人自写自刻的先河，影响和带动了一大批吴门弟子投入刻印行列，在苏州诞生了中国篆刻史上最早的一个印学流派,即"吴门派",也称"三桥派";文彭的弟子何震是"吴门派"重要作者,因而世人也将早期"吴门派"称作"文何派",是以主要作者来称派。

此后何震在江浙广收门徒,接纳来自各地的印人向他学习,他将"吴门派"印艺进一步发扬光大,自己也成为有号召力的流派领袖。何震自号雪渔山人,所以后来印学界将追随何震的一批人又纳入"雪渔派"的行列中。明代后期,出身南通的著名文学家、史学家邵潜,治金石之学出于何震门下,是"雪渔派"主要代表。邵潜往来于南通、如皋等地,与来自扬州、南通、如皋甚至外省的书画篆刻家经常雅集和互访、交流作品,研究六书文字之学;大批印友在这里从艺或流通,使南通、如皋成为印学繁荣的江东重镇,影响和交流也扩展到江苏、上海、浙江和更远的地区。省内外印友往来密切、经常交往、相互影响、印艺互补。这种种学习、交流、聚会的活动,多集中在如皋,当时如皋的水绘园,后来如皋丰利的汪氏文园等处,都有雅集的文字记载,或诗词中透露出信息。西泠印社副社长、著名篆刻家方去疾先生在上海出版的《明清篆刻流派印谱》中,明确地将数位南通、如皋地区印人称为"如皋派",在前言中也提到"如皋派"。邵潜晚年寓居如皋城;师从邵山人的黄经、许容、童昌龄被印学界称为"如皋派早期三大家";如皋派殿军人物黄楚桥写出著名的地区性印人传记《东皋印人传》;从明后叶至清代中期,如皋派印人身体力

方去疾,编《明清篆刻流派印谱》

行,绵延二百多年,留下彪炳地方印史的大量艺术文献。

清代后期,闭关自守的格局被打破,西方工业革命对中国也产生影响,国人走出国门学习西方事物,新兴工业和商业在江浙沪东南沿海地区发展,扬州这座大运河上四通八达的商业都会,经济开始败退,经济文化的中心位置向上海等地转移。这种变化影响了南通,使之工业、商业滞后,交通没有很好的发展,经济文化的故步自封,影响了艺术的发展和进步。如皋印派受经济、交通诸因素的影响,在故步自封的严重流派习气的羁绊下,印学创作逐渐式微,走向衰退。

1895年,著名实业家、教育家张謇回家乡,倡导"父实业母教育",大力提倡地方自治,在兴办实业、垦牧、交通等经济事业的同时,重视教育、文化、科技的提高,在全国首创博物苑、师范教育、聋哑学校以及早期的出版印刷局;等等。张謇实施了"请进来、走出去"的使用人力资源、引进优秀人才的措施。他先后聘用艺术名流诸宗元、李苦李主翰墨林印书局其事;全国领先创办的通州师范学校,他请来了王国维、陈师曾等著名学者、教授来通执教;聘请著名戏剧家欧阳予倩来通组建中国早期的戏剧教育机构——伶工学社。这种种教育、文化措施的创建或兴起,使南通成为地方经济文化发达的江北重镇。

张謇发展地方文化教育事业,引进艺术教育人才,也使南通成为海派书画艺术的一大传承基地。诸宗元、陈师曾、李苦李等

沙孟海,著《印学史》

一大批名人来通传艺,这些海派艺术家长期寓居南通,引领艺林,使南通的书画和篆刻艺术,薪尽火传,绵延不断,南通篆刻群体成为海派在通的一大分支,传承不断,影响了一代又一代的南通印人。

陈师曾、李苦李诸大贤在通授艺,一时青年印人王个簃、陈曙亭、丁吉甫诸君均追随衡恪、晓芙左右,亲灸法乳。他们成名后,又传授杨泽章、戚豫章、曹简楼、曹用平等数十位印人,传承有绪,影响声远。

近当代南通印坛,前有如皋派浓墨重彩的历史印迹,大量非物质文化遗产的遗存;嗣后的印学繁荣,归功于海派艺术的流风墨韵,生生不息,使南通篆刻在社团、研究、教学、人才诸方面渐趋成熟和繁盛。

南通海派印人在与各地交流、合作、互访中,相互渗透、相互补充,许多不同流派、师承各异的人物也与南通经常交流。在交流和互补中,使南通当地的篆刻界,出现了大量不

韩天衡,主编《中国篆刻大辞典》

叶一苇,著《中国篆刻史》

同艺术门派和艺术思潮共存的多元格局;百花齐放的多元格局,又促进了海派传承注入新的生命力。培训、展赛、出版、研讨,更使流派发展、社团成熟,如今南通已发展成为雄立印坛的篆刻之乡。

第二篇 如派印风 江东独步

第一章 文友群聚如皋城 印学中兴大江东

赵昌智、祝竹在《中国篆刻史》一书中写道:"在文彭、何震的影响之下,明代万历年间,印学空前繁盛,印人之多,可谓史无前例。"这段话也可用以形容当时如皋、南通的印学情况。

文人群体投入篆刻创作大潮,自写自刻,发挥个性,铁笔游刃,笔走龙蛇,使篆刻艺术进入新的高潮,也使流派篆刻从此起跑,开创了篆刻艺术的新局面。文人篆刻的成熟和成派,最早产生在姑苏,文徵明的长子文彭,精通六书,家学渊源,诗书画印,全面发展,尤其精通篆刻,在苏州创立中国最早的文人印学流派,称为"吴门派",又叫"文何派"。安徽出生的何震,从南京迁往苏州,师承文彭,成为文的得力助手,为"吴门派"立下汗马功劳。在苏州行艺,何震的声望日益提高,师事何震的有程原、梁千秋、苏宣、胡日从、邵潜、沈子云等二十余人,还有受何震及其弟子影响的印人程邃、汪镐京等数人。刘江教授在所著《中国印章艺术史》中说:"因何震学文彭又能自立面目,自成流派,世上称为'雪渔派'。"

南通人邵潜,师从何震,精通诗词和文学、史学,在南通、如皋一带富有声望,其文学修养和金石诗书技艺,影响和带动了南通、如皋等地区一大批爱好印学的同道。方去疾、沙孟海、刘江、叶一苇等著名篆刻家和篆刻史论家在他们的著述中,都认定邵潜为如皋派的领袖,如皋派的早期三大家黄经、许容、童昌龄都

方去疾,编《明清篆刻流派印谱》扉页

出于邵潜门下,由这批印人形成的如皋印派,是南通地区最早的一个印学流派,在中国早期文人流派中有一定的地位。如皋派的崛起,推动了明代后期至清代乾嘉时期如皋、南通一带的篆学繁荣和发展。方去疾先生的《明清篆刻流派印谱》收录了如皋派篆刻家许容、童昌龄、沈凤、潘西凤、乔林、戴本孝、黄楚桥等多人的印章,此书肯定了如皋派在流派篆刻史上的地位。

如皋派重视与各地的印学交流,并且广揽人才,与当时的上海云间派、扬州四凤派都有交往,并相互影响或融合,扬州及江苏各地印人也跨界参与如皋派的雅集和活动。辛尘在他的著作中说:"以四凤派为代表的扬州印派,是一批在徽派、东皋派双重影响下兼擅篆刻的文人艺术家。"他又说:"(扬州派)有些印章还不够成熟,表现出徽派、东皋派相互抵牾而又融合过渡的尴尬局面。"从这些著述中可以看出当时的如皋派曾对扬州派、云间派以及后来的浙派都有启迪、渗透、交叉、影响。辛尘的著作《历代篆刻风格赏评》还

明清篆刻流派简述

方去疾

我国传统的篆刻艺术，自明代中叶到晚清这五百年时间里，涌现了不少风格不同的流派。世传文彭为代表的吴门派，以邓石如为代表的皖派，以程邃为代表的浙派，以邓石如为代表的邓派，还有泗水派、莆田派、扬州派、如皋派、云间派等等。现将其主要流派，主要作家的特点及其师承关系，作一简略的介绍。

文彭，为吴门派的代表作家，他精研六书，对文字学深有研究，主张篆刻应以六书为准则。他身体力行，创作一丝不苟，朱文作细边，参以小篆结体，圆劲秀丽。白文师法汉印，格调清新。长期以来受到很高的评价，被视为篆刻的开山规范。他用及刀刻行书边款，对后人很有启发。在如何接受传统和力求形式变革方面，可以说起了示范的作用。当时与他齐名的有何震，时人并称『文何』。后来传他法的，主要有归昌世、李流芳、白文师法汉、陈万言、顾听等。

何震，是一个被奉为『集大成者』的篆刻家，与文彭情同师友，交谊甚契。他们居南京时，常在一起讨论六书，有时甚至日以继夜，这为何震的艺术创作打下了深厚的基础。后人称赞他『主臣印无一讹笔』、『何雪渔为近代名手，海内推为第一』。他除了采用文彭的手法外，又创造了多种形式，其中仿汉满白文，刀痕显露，不加修饰，苍润厚朴，『依法而不泥法』这正是他的创新。其中有些形式，还不够成功，但在探索阶段，对此不能苛求。其单刀边款，欹斜错落，奇趣横生。总的说来，其成就是突出的。程原对他的篆刻艺术非常崇拜，在天启年间『此时何震逝世已二十多年了』，向各方征集何震的作品五千余方，精选一千余印，属其子（程朴）摹刻成《印选》一书，后来有称为徽派的，黄山派，后来有称为徽派的。梁袠、吴忠、程原、程朴父子都与他一脉相承，属何震流派。汪关善于使用冲刀，刀法工整稳实，章法深思熟虑，专意搴取汉印，力求神形兼备，功力很深，将其作品与汉印

方去疾，文《明清篆刻流派简述》之一

第二篇 如派印风 江东独步

精品相比，并不逊色。人称他的治印为娄东派，也有合沈世和、林皋称为扬州派的。朱简与汪关不同，以切刀刻印，不拘于形似而追求神韵，作品豪放，个性很强，加上见闻广博，所以能达到较高的艺术境界。他在《印品》里附有《缪印》一篇，在说明里写道：『附印亦出近日名手，所谓太巧则拙，太拘则板，偶而倡之，群而习之，犹北驰太行，日趋日远，徵日秦汉，求宋元不可得已。敢摘数章，以当前轨，知我罪我非所论也』。这些『缪印』经过核对，乃是何震，梁袤，陈万言等字，谈其徵诸家的作品，这种不计私人友情的精神，非常可贵。后来丁敬效法他的刀法，精变其体，成为浙派的创始者。比汪关、朱简略后的程邃，异军突起，他以冲刀代笔，运刀取法汪关，而凝重则过之，能够充分表达笔意，力变文、何之风，成为一代宗匠。他的流派世称皖派，影响深远。在清代早期主要的篆刻家还有林皋、吴先声、许容等。林皋以章法严密，刀法工致挺拔为时所重。吴先声、有其特点，但刻法相近，亦有合汪关、沈世和、王谨称所刻私印，构思精密，都是明末遗民。

清初的著名篆刻家胡正言、沈世和、程邃诸家，广多字印过于追求形式技巧，学者亦步亦趋，习气过深，逐使如皋派未能得到进一步的发展。

清代中叶是篆刻的全盛时期。丁敬、邓石如二人，卓然大家风度，矫正了竞巧斗妍的习气。丁敬以朱简的切刀为法，参以汉印及带有隶意书体，形成拙朴雄健的风格，遂成浙派一家。后继者蒋仁、黄易、奚冈、陈豫钟、陈鸿寿、赵之琛等，都以丁敬的方法为准绳，能别出新意，自成一家。邓石如都善于取舍，充实了作品的风貌，他们对晚清治印艺术的发展起有促进作用。云间派了鞠履厚重蹈许容的风格，使云间派从此一蹶不振。

晚清初期的篆刻受浙派的影响很深，陈鸿寿、赵之琛两家的作品，刀法明显，但后学者往往得其形而不能得其神，所以赵之琛后，未有大家出现，而赵之琛晚年作品，亦仅存形式技巧，渐趋僵化，他的功力虽深，之琛后，众之所好，赵之若鹜，成为浙派的代表。

方去疾，文《明清篆刻流派简述》之二

13

写道："张氏（张郁明）在分析了丁敬及浙派其他代表作家与扬州八怪交往的情况、作品出现的时间后说：'丁敬早期的印章并无别与扬州八怪印派，甚至很接近东皋派，其浙派风格的定型大约在六十岁以后……'。"从这些著述中可以看出如皋派在当时中国印坛的作用和影响，包括对西泠八家领先人物丁敬的印学创作，都曾经有过启迪、借鉴的作用。

如皋派的潘西凤、沈凤，也是扬州四凤派的印人，对传播如皋派、密切兄弟印派的交流有较大贡献。黄楚桥是如皋派后期的主要作者，他依据如皋印人的论著、诗稿、印谱等大量文献，编著出版了《东皋印人传》，是书收录如皋本地以及流寓如皋的客籍印友，共28人的传略、印学成就、交往和著录书目。这一部总结性的印学传记，是如皋派的重要存世文献。肖高洪在《篆刻史话》一书中说："故是书收印人虽寥寥可数，但开地域印人传之先河。"（《篆刻史话》第227页）如皋派由邵潜积极倡导，早期三大家的身体力行，四凤派沈凤、潘西凤的客居和加盟，地方名人丁有煜、乔墨庄、戴本孝诸公都是东皋群贤，后期更有黄楚桥的积极传承，著书立说，在长达二百余年的艺术实践中，如皋派多数印人留下印谱、诗文、印学论著、书画和印拓朱迹，更有印章实物和文玩遗物，为后世研究和总结如皋派的兴起、繁衍及衰退，留下了许多可信的纸质文献和实物遗存。

笔者仅就目前能够接触到的相关文献和资料、实物，参考当代书报、媒体所录的研究、考证和遗闻逸事，以史实为依据，以印人个案的简历、艺术活动、艺术交往、著述评论等为叙述素材，大体按印人出生年代先后，分别章节予以叙述。对于早期印人及属于如皋派的，也有因隶属派别模糊、现存资料不足或笔者识见所限，尚有未列入者，容日后收到资料，再行补充增订，目前暂付阙如。

第二章　立雪程门师主臣　独领风骚赞潜夫

邵潜（1581—1665），明末清初文学家、书法篆刻家。江苏南通人。字潜夫，号五岳外臣。

明代后叶，邵潜生于江苏南通，是明朝廷尉邵天明的五世孙。邵潜自幼聪慧伶俐，学习四书五经，熟练背诵诗词；弱冠博览群书，闻见渐广，擅长诗文，又攻文史，娴熟地方掌故、遗闻逸事，对于地方艺文、历史、风土人情均有深入的探索和研究。走入社会，先生精通文墨，钻研书法艺术，深入研究文字源流，擅长大篆、古籀和秦篆。邵潜科考中廪生。

这位在史地、诗词、书法诸领域均有较深造诣的文学家，家庭和婚姻生活却很不幸。有文字记载，邵潜与妻子结婚三年，妻子便撒手人寰离开了他，使他备受打击和痛苦。他的朋友，通州诗人汤有光有悼念诗《为邵潜妇悼亡》写道："为妇空三载，曾无一日欢。"此诗讲述妻子和邵潜结婚后未能过上一天好日子，她实在是因为家庭生活的艰难而离开人世的。对邵潜有恩又十分关心他的一位同时代诗人王士禛在著作《渔洋诗话》中也叙述了邵的坎坷和婚姻不幸："凡数易妻，晚竟无子。"王渔洋《池北偶谈》记载："年五十无子，娶后妻成，久之，嫌其贫老，弃去。一婢又为势豪所夺。"这些记载是说：邵潜有过多次失败的婚姻，先是结发妻子在婚后三年去世。后来有人做媒续娶，与他同过日子，同时照应他这位书呆子，可是几次都是失败。他在五十岁之后想续娶老婆，甚至指望能传宗接代，可是后续的妻子相处久了，嫌他又老又穷，就离他而去。所幸有一位婢女服侍他很是尽心尽力，可又因婢女有一些姿色，被地方上的豪门恶势力强夺去了，邵潜再次失去了亲人的照顾。

这位胸有才华的诗人，经世道变故和家道中落的打击，并没有颓废，没有放弃研究学问。他整理文史和地方志乘，从事书法篆刻创作自娱，写出许多诗词和著述。王士禛在诗中称赞他："好诗还是邵潜夫。"名仕钱牧斋对他的诗作也推崇备至。因此，丰利汪璞庄编集的《东皋诗存》，载有邵潜诗一卷；冒辟疆《同人集》载邵潜诗十五首；杨述臣《五山耆旧集》载邵潜诗一卷；通州邵潜诗名远播。

　　《历代文人咏如皋》有关注释记载，邵潜于明崇祯十四年（1641）后迁居如皋城西。明王朝的统治此时已开始动摇；李自成起义，使国内战争不断。邵潜离开南通，在外漂泊，生活不安定，经济拮据。邵潜逐渐破落，家财一空，续娶的老婆守不住贫苦离开了他。辗转周折，他最后只得去如皋避乱。如皋县志记述：邵潜晚年只有藏书数十卷，带着这些书，依靠一个老妇给他烧煮照料饮食起居，日子很清苦，赖许多文士照应，他依然埋头做学问。1645年（清顺治二年）邵潜写成《州乘资》四卷，这是一部重要的地方志著作。

　　如皋黄应徵，字君求，家道富裕，比邵潜大四岁。两人常有文字往来，诗文之友交谊深厚。当邵潜几经颠沛，晚年寓居如皋时，黄君求已经去世。黄有六子，其长子黄辅、五子黄经都很崇敬邵潜，黄经曾向邵学习书法篆刻。黄辅看到邵潜着衣褴褛，住屋昏暗，毅然收拾家中两间空屋让邵潜住下，并时常接济他，因而免遭饥寒之累。邵潜在如皋有冒辟疆，黄辅、黄经两兄弟，许容等许多文友的照应和文学交往，精神生活充实。晚年的他留下了不朽诗篇和书法篆刻作品。与许多来如皋的诗友雅集相聚、诗酒唱和，黄辅请益诗文，黄经求教金石篆刻，邵的精神状态有所改善。某年三月上巳日，冒辟疆相邀王士禛、陈维崧、杜濬等名士在冒辟疆的水绘园修禊雅集，热情邀请邵山人赴园参与其事。

　　邵潜在与外地书法篆刻家的交往中，受何震的影响较深。在辛尘的《历代篆刻风格赏评》和刘江的《中国印章艺术史》等书中均有记载：明代苏州，因工商业发达而成为文人艺术家相对集中的文化都市、交流中心。"文何派"篆刻在苏州兴起。文彭的弟子何震进一步发扬"文何派"之长，篆刻艺术承上启下，进而创立"雪渔派"。何震长期流寓苏州、南京，雪渔派的弟子有程原、程朴、梁千秋、苏宣、胡日从、邵潜、沈子云等二十余人，还有许多崇拜何震，私淑"雪渔派"的印人先后达数十人之众。另外，朱简在他的《印经》一书中也将邵潜列入"雪渔派"。因此，邵潜篆刻，格调高古，师承有绪。这些，从他的代表作品集《皇明印史》中可看出端倪。

《皇明印史》在明天启元年（辛酉）成书（1621），当时邵潜42岁，精力旺盛，正在创作的高峰期。他在印谱的序言中自述："明文章功业事事光掩前朝，而印学不称，亦文人之耻也。因不揣固陋，篆刻洪永以来名臣硕辅，以至墨客骚人，凡功业文章有当余心者悉为拈出，要皆出自心裁，参以古法，统名之曰《印史》。"限于当时的条件，这些印章印面都不大，呈方形。印文以缪篆为主，朱白皆备，不取古文奇字和六国异体字，形式多姿多彩，要皆工稳秀丽，汉白、铁线、界格、四灵、切玉、仿古形式皆备。印文有开国功勋刘基，大儒钱谦益、陈继儒，书画家文徵明、唐寅、董其昌、吴宽，金石家赵宧光、何震。这部巨制，用石五百八十三方，分装四册，题材为明史的重要人物，是文人篆刻史上最早出现的专题印谱，富有开创之功。此书有尊明反清体现邵氏的主张，清廷禁令以禁书类销毁，世间流传甚少。

邵潜在史学领域有所建树，晚岁隐居如皋离垢园之北，清顺治二年写成《州乘资》，在自序中仍用明朝流亡政权的年号，书称弘光乙酉，表现出他的民族气节。

王士禛的《池北偶谈》《渔洋诗话》多处记载邵潜的生

活。晚年邵潜在如皋深居小巷，境遇困顿但依然写诗唱和、书印寄托。王士禛官扬州司理，去如皋巡视，次日清早拜访邵氏，所居小巷轿马无法入内，礼贤下士的王士禛下轿步行，二人相见大喜。邵潜说，我尚有一斗好酒，想与老友共饮

邵潜《皇明印史》自叙墨迹

邵潜《皇明印史》卷一书影

邵潜，著《州乘资》

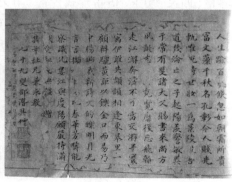

邵潜 小楷诗稿

求醉好不好？二人不时碰杯，斟酒谈诗，直喝至日落西山，方相互拱手道别。如皋县令得知上司王士禛与邵潜友谊甚笃，减免了邵潜的役税。王士禛著作还记载：康熙乙巳，去如皋访邵，邵筋骨如铁，白发苍苍，双眸炯炯，备了些菜和酒与王共饮。看望之后，王回到扬州。这次分别之后，邵潜在这一年离开了人世。

邵潜著述丰富，有《皇明印史》《州乘资》《友谊录》《循吏传》《眉如草》《志幼录》《邵山人集》等。

第三章　力挽兴衰数百年　东皋元老黄济叔

黄经（1619—1669），也有考证（1619—1670），江苏如皋人。清代书画篆刻家，如皋派早期三大家之一。原名经世，后改名经，字济叔、维之，号山松。

清代著名印学家周亮工所著《印人传》，将黄经传略收录在卷二的第一篇，文中将黄经印艺评为神品，推崇备至，赞誉有加。近人肖高洪在所著《篆刻史话》中对这一事评述说："这在周亮工交往的印人中没有谁再获此殊荣。"对于他的生卒年代，《如皋历史文化》称1619年至1669年；而周氏《印人传》记载康熙九年（1670）周亮工出狱后与黄经相会甚欢，二人分别后黄经去访友人，不意在友人家中病卒，这时是1670年。

如皋文人黄应徵与邵潜交往深厚，邵潜晚年去如皋，其时黄应徵已去世，寓居如皋的邵潜得到黄应徵的儿子黄辅、黄经的接济和照料，黄经时常向邵潜求教文学和篆刻技艺。黄君求生六子，长子黄辅，黄经是第五子。

《如皋历史文化》记载，黄君求是明万历年间如皋廪膳生，博学能文，家道富裕，著有《自娱斋诗集》。他善草书，得二王笔法，又精于古篆，临魏书《受禅》《劝进》二帖，亦常写八分书；他生平发现法帖、名人字画、古陶古玉，都倾尽财力去购买，即使破产也不在乎。黄经的长兄黄辅，少时学习刻苦，参加科考，成绩名列前茅。清顺治二年，因不乐仕进，剃发隐居舍桴庵，后以设学塾课余自瞻。他与复社社员石夏宗、冒襄、佘公佑、刘文若、丛有信、丛梅先等为好友。清康熙二年（1663）如皋知县李文秀邀黄辅任《如皋县志》编撰。邵潜是黄君求的好友，所以对黄辅是亦师亦友的亲密关系。黄经生活在这样的家庭，诗文书画深受父兄及父亲好友邵潜的影响。

黄家世居县邑南三十里的黄家市，黄经风度潇洒，尚气任侠，翩翩有侠骨仙气。据周亮工记载："黄经身材较高，留有不多的胡须。黄经在书画金石上都有较高的造诣。画高简得倪黄遗意，通篆籀之学，所以印章列入神品。"

黄经年轻时逗留南京，由于同名同姓的缘故，被误捕入狱。在牢狱中，他认识了被关在狱中的周亮工先生，相互交谈印艺，成了好友。黄经后来冤情大白，获得释放。黄经仍经常去狱中看望周先生，相互通信，交流印艺。通过周亮工的关系，黄经结识了许多书画朋友，眼界大开。

朋友对周亮工说，以后给子女取名，必须起奇怪的并是常人想不到的字，免得同名同姓遭受冤假错案。周亮工回答说：不要这样说，应该取极平常的名字，案发后，才会有像黄济叔这样的书呆子顶替的。黄济叔听了大笑，庆幸正是自己深陷囹圄之中，因冤狱而得以结识周先生。

黄济叔自后走出如皋，遍游名山大川，与南京及各地艺友交往，相互拜会。好不容易盼到周亮工出狱回家，黄经去情话轩相访，周热情款待，留他住下来，同吃同住日日谈诗弄文和研究书画，他们快乐地相聚了一个多月，才依依惜别。告别周亮工，济叔继续他的旅行和访友，他前往泰兴的朋友季振宜家中拜访，宾主在席间饮酒观剧，黄经感到不适，忽然对大家说:"我要去了。"骤然瞑目长逝,这是康熙九年的事。

黄经的刻印,存世较少,收集他的印拓集成的印谱,更为罕见。目前所知的《黄济叔印集》是剪贴的册页。如皋派印人黄楚桥崇拜黄经的印艺,生前收集和存藏黄济叔印作颇多,但十分珍秘,不轻易示人;沈裕本与楚桥相熟,但也没有机会看到此谱。黄楚桥去世后,生前的藏品渐渐散出。过了数年,楚桥的仆人持一卷剪贴的印拓和数枚零散印章拓片要求卖给沈,沈裕本获得之后,重新装裱成册页,册中亲笔题写了获得此卷黄经作品的经过。

从遗存的黄济叔印作看,治印刀法老辣,印文整饬有致;朱文入印文字多变,有古文、缪篆、金文、小篆;构思成

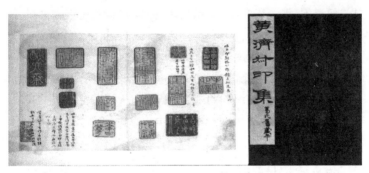

《黄济叔印集》封面及内页

沈裕本,序 吴寿民,序《黄济叔印集》

熟，用刀爽利；白文多用古文或缪篆。周亮工《印人传》中评价黄的刻印："……求其全者，其吾济叔乎。济叔能以继美增华救此道之盛，亦能以变本增华为此道之衰。一灯继秦汉而又不规矩于近日顾氏木板之秦汉。变而愈正，动而不拘，当今此事不得不推吾济叔矣。"

济叔白文印"汝南世系江南居住岭南生长"是为周亮工刻，汉隶的精刻边款。印面用汉印法，结构严谨，虚实参差巧配，三个南字用不同篆法，规避雷同，字体大小不一，但又感觉稳实端庄，是先生力作。朱文"归云阁""驯白鹿兮采紫芝"等印，早期的铁线形式，线条绵里藏针；黄经印章的大篆，受时风影响，多用圆笔，但功力不亚前贤。白文"放情丘壑""长春堂印"，结构疏朗过多留红，是如皋派的程式。笔势倚侧，用切刀法，系作者在学传统中进行突变的尝试。

关于周亮工对黄经印作的溢美评论，后起的印学评论家褒贬不一。晚清魏锡曾评述："秀不至弱，平不至庸，巧不至纤，熟不至俗，然终有纡徐演漾之病……"魏锡曾的论印诗写道："妥帖未排纂，倾倒栎下翁。后生扬其波，巨谱成飞

黄济叔，刻
归云阁 陶月阁
放情丘壑 长春堂印

黄济叔，刻
松萝山长 训白鹿兮采紫芝
龙宝堂 武夷仙吏

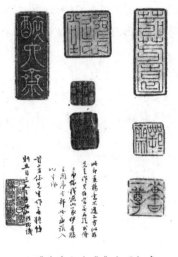

《黄济叔印集》内页印章

谭建丞，文《黄济叔刻印》

鸿。江南平山远，未足攀华嵩。"魏的评论较为公允，并考证了后出现的汪氏《飞鸿堂印谱》有许多是黄经风格，或有黄经的作品，有待考证。后人的议论，并不影响黄经在印史上于如皋派和早期文人篆刻史的贡献。

黄经去世后，杜茶村写信给周亮工，提到黄济叔生前有一部二十卷著述的稿本，曾经要求杜为之作序。黄经卒，生前无子嗣，继子只会农耕田作，杜茶村怕继子不能保管好黄氏遗稿，所以将这部《六书论定》的手稿交给了周亮工，希望周能加以整理，并且出版。周亮工晚年因故曾将自己的诗书稿本焚毁，《六书论定》的稿本亦遭不幸，这一说法尚待考证。

对于黄济叔《六书论定》的书名以及稿本是否随周氏焚稿而遭毁，近人的文章及著述有不同说法，姑记于后供来日专题研究之参考。

《六书论定》这一书名，清乾隆年《直隶通州志》卷十九载，名《六书论定》；清道光年黄楚桥《东皋印人传》卷上"黄经"条载所著《六书论定》二十卷；现代印学家刘江著《中国印章艺术史》载《六书论定》；肖高洪著《篆刻史话》载《六书论定》。《江苏艺文志》载《六书论著》（"著"恐应为"定"）。现代有多人在著述中提出书名为《论定六书》，所论依据是周亮工《印人传》所述一句"生平尝论定六书二十卷"，这个提法没有书名号标点断句，是否周在行文中采用倒装写法，不得而知。

对于书稿焚毁说，肖高洪所著述《周亮工与明末清初印人交游序考》说："1671年黄济叔去世后，周亮工为刻其所著《六书论定》（《六书注》）行世，嘉惠来学。"这一说法，证实了周是烧毁自著诗书，保存友人著作并予以梓行。此说尚待考证。

黄经的生平著述有《六书论定》《品画尘谭》《黄济叔印谱》（1661年黄经自辑）《黄济叔印存》（1845年沈裕本辑刻本，南京图书馆藏）《黄济叔印集》（1845年沈裕本剪贴装裱本，西泠印社藏）。

第四章　苏皖游历翰墨谊　巢民首重戴本孝

戴本孝（一说1621—1693，韩亚明）（一说1621—1694，肖高洪），书画篆刻家，安徽休宁人，一说和县人。字务旃，号鹰阿山樵、前休子、破琴老人、天根道人、横江槎客等，馆号碧落精庐主人、迢迢谷口农。

戴本孝出生于安徽休宁，肖高洪撰文称他侨居和州（安徽和县），他离开安徽以后，长期在南京、扬州等地流寓和从艺。他对书画印都有较高的造诣，方去疾称他："善用干笔染皴山水，作品深邃苍茫，丘壑云烟，面目别具。"对他的山水画评价很高。赵昌智等人编著的《中国篆刻史》记载，戴本孝与梅清、石涛等人同为黄山画派中坚，而印名则为画名所掩。

戴本孝的父亲戴重（1602—1646），是一位抗清忠明的名士，戴本孝本人也崇尚民族气节。明朝亡后，戴本孝与父辈一样，怀有很深的遗民情结。他投入很大的精力，外出游山玩水，增长见识。更重要的目的是到处拜访师朋，寻访各地金石书画名流。他曾到山西太原访傅山，到陕西华阴访王弘撰。某一年，他来到江苏如皋拜访冒辟疆。冒是明末东林复社四公子之一，他与戴本孝相见，志同道合，十分投缘。冒巢民邀戴本孝客居如皋，他热情款待，在一起共同研究诗文，合作金石书画，或互相赠送，他们无话不谈，成为知己。

据近代有关史料记载，1961年，旅居上海的冒广生是冒辟疆后人，他将家藏珍品一套冒辟疆自用印捐赠给上海博物馆。这次捐赠义举，使世人有机会看到戴本孝篆刻的技艺和风格，也佐证了戴冒二人的艺术情缘。

这套印章为六面印，包括正方、长方、大小共八方印，层层套合在一起，携带方便，镌刻精巧；四方姓名印，分别用古玺和汉印文字，藏印用铁线篆，"真赏"二字印取葫芦形，"凤栖"二字为铎形边框，古雅而多变。戴本孝所用章法和笔法都是别出心裁，其篆刻传统功力颇厚。这套印章是戴本孝42岁时（清康熙二年1663）为冒辟疆所制，是戴氏早岁篆刻艺术成熟期的作品。冒辟疆很喜欢这套印章，设计特殊而刻制精到，一直随身携带方便盖用。

除了浪迹扬州、客居如皋等旅踪外，戴本孝于清顺治十四年（1657）37岁时去南京定居。这一时期，安徽人程邃已在扬州定居，有史料记载，戴与程订交，在他们晚年。程邃于康熙十八年重新徙居南京，此时戴本孝已年近花甲，二人在南京交往密切。戴本孝山水画喜用枯笔，与程邃相似。戴的刻印自成面目，风格与程邃不尽相同，可惜戴本孝存世印作甚为难寻，给研究其人印风带来困难。

戴所刻六面八印,边款署"癸卯年春鹰阿山樵戴本孝作"为横写篆文边款,姓名印和鉴藏印为以汉印为宗的传统式,颇见功力;"巢民""斋赏""凤栖"多用大篆入印,也见戴本孝对古文字的修养。《中国篆刻大字典》收入这八方印,评价是:"远宗秦玺汉印,近法元明诸子,古朴浑厚。"

肖高洪在《篆刻史话》中认为,戴本孝篆刻师法程邃,喜用金文入印,行刀老涩,质朴凝重。清人秦祖永在《桐阴论画》中记述:"所作卷册小品,雅与程穆倩笔意相似,盖穆倩务为苍古,脱尽窠臼,鹰阿取法枯淡,饶有韵致。"这些叙述记载了戴本孝绘画、篆刻受程邃之影响;更因擅长用枯笔作山水,系取程氏技法之精髓。

戴本孝与冒巢民的深厚艺术情谊,使戴本孝在如皋地方留下难忘的艺术足迹。

戴本孝著述有《余生诗篇》《前生》《余生》等集。

戴本孝,赠冒青若山水图册之四　　　　戴本孝,刻印

第五章　创派精英许实夫　山人门下青出蓝

许容（其生卒年有数种说法供参考，韩天衡、王崇人：约1635—1696；刘江：1650—1693；刘聪泉：约1649—1723后），江苏如皋人。清代篆刻家、如皋派早期三大家之一，字实夫，号默公、遇道人、师古斋主人。

明代晚期，文坛出现著名的四大公子，即侯朝宗、陈定生、方以智、冒辟疆。明末清初，冒辟疆在文坛是一位重要人物，既有满腹经天纬地的学识，又有崇高的民族气节。他在家乡如皋建水绘园为其别墅，园内时常举行诗会雅集，宴请来自各地应邀或慕名而来的文学友朋和爱国志士。许容是冒辟疆的表弟，许嗣隆的弟弟。许容受父兄影响和冒辟疆的领带，在诗文和金石书画诸方面均有成就；而在书法篆刻方面对他影响尤深的，是晚年寓居如皋的著名诗人邵潜。

许容擅长绘画，画山水画效法赵承旨，他在这方面甚为用功。清代王翚曾赞誉许容的山水画为"荆关再世"，把他的画技与荆浩关仝相提并论，评价很高。许容亦画设色芭蕉，可见亦精于花卉。

清康熙二十二年，少壮年青的许容担任福州府检校，奉命押运粮饷，因海上突起风暴，船队的船只和货物均遭沉没，许容被处分，丢了官职。此后他退出官场，潜心研究诗文，多作山水画，在六书古文字学领域也奋发博览。由于古文字学知识的积累，他的印章识篆和布局都有六书之学的古韵。年轻时，治印一道已闻名乡里；此后壮游京师，得贵人引见，交际日广，其治印之名亦誉满京师，求印者接踵而至。方去疾著《明清篆刻流派印谱》评价许容："篆刻私章，颇有新意，多用汉印法，韵味极佳。"叶一苇著《中国篆刻史》称赞许氏："篆刻工稳，有功力。"《通州志》的评论是："遂力矫宋元弊习,溯秦汉为归宿。"他在追踪秦汉的实践中比同时代人着力较深,治印多有创新之趣,所以清代早期许容名震大江南北,是为如皋派创派人物之一。

《中国篆刻大辞典》记载,许容从清康熙九年至二十八年(1670—1689)这二十年间,五次去京师,因获得官场重要人物许孙荃、龚鼎孳的赏识和关照,交识多位名士;他与当时著名收藏家胡介祉相识,成为好友;从此,许容印章创作有了重大的积累。清康熙十九年(1680),许应邀在胡介祉寓住七个月,为胡介祉刻印一百方,编成《谷园印谱》二卷。清康熙二十二年(1683)他在福建做官,至次年因解粮途中舟覆而丢官回乡。后来,胡介祉在山东为官任上,再邀许容为他继续刻《谷园印谱》四卷。清康熙二十七年(1688)许容再次做客京城,居住在胡介祉京城蕴光楼,为主人刻制仿汉印章一百二十方,取名《蕴光楼印谱》。许容一而再、再而三地为胡介祉创制《谷园印谱》,这部书成为当时选材最

许容,《谷园印谱》扫叶山房
本书影二种之一

许容,《谷园印谱》扫叶山房
本书影二种之二

广、形式最多,用石最多的大型专题印谱。又因经前后数次完成,且分阶段拓印装订,故而形成多个版本,卷数不同的流传。当时藏主系以原石钤拓成书存世,后来上海扫叶山房影印出版,因而存世量大,影响广泛。

许容生活的时代,有程邃、戴本孝、邵潜等有名望的印人,多为师法徽派的作者,他们流寓如皋,或者来皋做客传艺,对许容印艺的提升,有直接影响。后续印人乔林、黄楚桥、姜恭寿诸人对许容印艺的传承或宣传,都提升了许容在如皋印学界的知名度。在京的礼部尚书、被称为江左三大家之一的龚芝麓有诗写给许容称:"寄语黄山程穆倩,中原旗鼓一相当",把许容与程邃一并相比,比作为同时代的周瑜和诸葛亮。

赵昌智等著《中国篆刻史》对许的评论是:"'胡昇猷印'颇有清疏雄浑之气,朱文如'谷园',尚能稳妥雅正,但有很多印空疏散落,风格卑下,习气很重,与仿汉类作品,几

许容,刻印

乎不是同一人所作。"（见该书214页）这样的评述也许对许容不公正,他临习的汉印的确严守古法,但有个性有习性的印作尝试,也在能因能革中试图突破传统。

清乾隆年间,董洵《多野斋印说》批评更尖锐,书中说:"许氏《谷园印谱》,文既杂乱无章,细弱少骨,又另立各种刀法作无数欺人语,手眼未高者勿为所惑。"

以上所列评论,说明古今篆刻界对许容的个性习性有异议,但批评也有偏颇。许为早期文人流派的主将,南通地区文人印派的创派人,其功不可没。吴颐人所著《篆刻法》书中说:"如皋派主要是指许容的篆刻风格。"这说明篆刻界认可许容在如皋印派中的地位。

许的白文印,上承汉风,比较耐读,"新篁韵敲""溪燕蹙游丝漾邻,邻鸭绿光碎清晓"等都为上品；朱文印"月落江横数峰天远""花竹深"都甚精到,"花竹深"疏朗清丽、赏心悦目,但亦有极致的疏旷走向极端之弊,在当时有进步性,但后来佳构新派层出不穷,这种程式则感到落后了。清代后期有人刻意学许氏印风,将特点变味,久之,成为印派逐渐衰退的因素。

书画篆刻家的艺术实践有多种情况发生,不同时期的作品亦有变化,其艺术产品也有精品和一般、甚至败笔、失误等现象。瑕不掩瑜,许的成就仍要肯定。许容还善于刻制竹、木等数种印材的章,竹木质地会影响印面的金石韵味,但用多种印材是当时的时尚,印材来源和交通不便迫使印人不择材质。

黄楚桥所著《东皋印人传》上卷录有印人许之男之传记,许之男是研究许容印艺和生平不可遗漏的人物。

许之男,清代篆刻家,江苏如皋人,字蒲瑞,号田夫,是许容的堂侄。

年青时期的许之男,受家庭书香的熏陶,工于诗词,喜好艺术；他刻苦自学并用心临摹许容的篆刻，久之，其印能达到酷似和乱真的地步。许容多次去京师访友和行艺，外出时刻制了大量石印，其中多数为浙江人胡介祉收藏。许容在福建任上丢官后，便云游天下，在家乡逗留时间甚少。其间许多人慕名来皋求许容之印，这些事许容托侄打理，印章多由许之男代为奏刀。久之，许之男技艺日益精进。社会上流传的许容治印，有部分为许之男代刻。另有一些印为吴县范夔、戴德清代刀，范、戴二人也能模仿许容风格逼肖，但水平仍数许蒲瑞为高。

　　许容一生有大量刻印作品和研究金石文字的论著存世，如《谷园印谱》多种版本《蕴光楼印谱》《许默公印谱》《说篆》《篆海》《印略》《印鉴》《石鼓文钞》《鸥浮集》《破难草》《读史初阶》《篆学辨似》等，可谓著作等身，其中《说篆》一篇在顾湘《篆学丛书》、陈克恕《篆刻针度》、韩天衡《历代印学论文选》等著述中有列入或入目，可见其影响深远。

许容，《谷园印谱》选印章

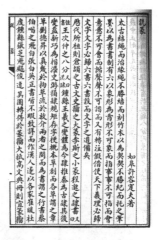

许容，《说篆》载《篆学丛书》本书影

第六章 早期创派三贤士 淡雅俊逸童昌龄

童昌龄（约1650—约1718），清代书画篆刻家，江苏如皋人，原籍浙江义乌，一说浙江金华。字鹿游。

清人李琪在《东皋印人传》题跋中写道："吾乡邵潜夫先生侨寓如皋，倡为六书之学，一时黄济叔许默公童鹿游诸君皆出其门。"这是说，邵潜居如皋，大力提倡研究篆刻技巧，要求精通六书古文字之学，要求艺宗秦汉，学有渊

童昌龄像

源。其时，如皋本土的印人黄经、许容、童昌龄则拜邵先生门下，这三家尽管创作思路、篆刻风格各有千秋，但他们为早期如皋派的开创和繁盛都做出贡献，印名远播省内外，被誉为"如皋派早期三大家"。童昌龄是其中之一。

童昌龄，刻印

童昌龄年轻时就展露了多方面的学识和技能，在金石书画方面均颇有成就。他精于山水，其笔下的山石、古树、竹木饶有生趣，风格淡远、俊逸。有资料记载，他工于书法，隶书宗汉碑，他的篆刻存世作品边款多有隶、行、楷诸体，显示其书法功力的一面。

韩天衡编《历代印学论文选》（下册629页）称童昌龄刻《史印》一部，约成书于清康熙十七年戊午（1678），那正是童昌龄青壮年时期。这是童昌龄创作的第一部专题印谱。印谱选古代名流的姓名印，从汉代司马迁到明代王宗林，共二十二人。印文为姓名，或刻其人表字，共刻制石印三十九方，每位人物都附有简要的传略在印拓下方，让观阅者一目了然。观史印所作，谨守传统，风格秀雅，汉印白文，端庄沉稳，颇见力度；朱文印章，小篆、古文兼备，线条圆润，见笔力和腕力。黄楚桥评述童的印谱："印史之刻，高古淳朴，直追秦汉。"童治印用刀精细，追秦仿汉，并能在程邃等印风中取其长，因而童的印有徽派影响。

白文"司马迁印""陈寿之印"具汉印端庄沉稳；"司马光印""朱熹"为切玉法，朱文"晦翁""子充氏"纯圆朱铁线的笔势，绵里藏针，甚见功力。出现一些如皋派习气的章有"子长""仲常"等等，学古玺，但过于疏朗散浅，有的失之纤巧，时代烙印较深。他的朱文喜欢采用款识录的文字入印，有程穆倩的影响。赵昌智的评论说："朱文喜以款识录文字入印……然一如白文之不善组合，离奇雕琢，已经将程穆倩的印风变成一种流弊。"赵文没有从历史观的角度客观认识童昌龄等如皋派早年的成就和应有的地位，赵在著作中刻意扬扬抑皋，而在事实上，许多专家著作都明朗客观的提起"如皋派"，却没有把扬州群体提称"扬州派"，倒是有多处专著提出扬州印人是受徽派、如皋派影响的群体。

清康熙四十七年戊子夏（1708），童昌龄来到南京寓居，创作了自刻印集《韵言篆略》一册，收印六十一方，有盛东田序，童昌龄自署跋；另外，他为赵圣木刻制了《敬修堂印谱》四卷，此谱临安盛弘邃作弁言，赵圣木跋；可见童昌龄作品存世尚多。他的印喜欢用木质印材，尤其擅长刻紫檀木印，其刀法细腻，能摒除木质的板滞，在木印上刻出古朴的刀味墨趣。冒襄《同仁集》有诗赞童昌龄的刻印："印史焜煌点画新，射穿老眼见精神，知君绝义能千古，一册能昭历代人。"

方去疾《明清篆刻流派印谱》收童的朱文印"柴门老树村"，楷书边款，边框用古文，疏朗而匀称，纤细劲挺的线条，有力度，是成熟期的作品。这方印章的创作日期，按边款为"戊戌秋日"，韩天衡认为是清顺治十五年（1658），即童昌龄八岁所刻，韩认为其是神童；《西泠艺丛》第三十四辑32页郑之著文"史印"中说："……童氏'柴门老树村'一印，款署戊戌，为清康熙五十七年（1718），约七十岁仍在世。"郑文所论可以采信。

童昌龄作品中，有些印有大小篆混用现象，是那个时期的配篆方法，今人则不齿。清人梁清标对童有评述："近时程

童昌龄，《史印》书影

童昌龄，《史印》傅华，跋

穆倩氏，独得秦汉遗意而变化出之，号为卓绝。今复见童子鹿游深于此法，其所作雅劲遒古，可与程氏齐驱。"

童昌龄的著作有《史印》一册（一卷）承庆堂藏刊，雕版拓本；《韵言篆略》一册；《敬修堂印谱》四卷。

第七章　著书大隐存竹趣　短草团瓢个道人

丁有煜（江苏艺文志称1682—1764；魏武称1683—1764）清代书画篆刻家，扬州画派画家之一；世籍江苏海门，居住古通州静海乡（今为江苏南通市），故居在南通城南短草巷；字丽中，号群子、个堂、石可、幻壶、个道人等。

丁有煜祖上为江苏海门人氏，丁本人南通州人，祖父丁国宝，父丁腹松。丁腹松字木公，号挺父，清代进士，朝廷授任内阁中书，曾任陕西扶风县令。丁腹松为官有政绩，雍正十年江潮泛滥，百姓遭灾，他救活灾民八百多人，百姓称道。

丁有煜为家中长子，少年时入太学，为通州贡生，希望学成获取功名，后来他放弃了学业，专心自学古诗文、水墨画和书法篆刻。

黄慎，作《丁有煜像》

为了从事书画篆刻创作和研究文学,他选择僻静处所,住在长江边军山之麓的团瓢。他谢绝了世间纷繁的应酬俗套,闭门读书,承担修志的任务。他寻找大量原始资料,集中精力从事写作;用传统的修志方法,每卷每项都引经据典,注明出处。对史料和地方风物进行采风和考察;郡人得知丁有煜修志体例严谨、叙述周详,许多名士慕名从四面八方来到南通,向他求教或交流。丁有煜丰富的学识、高尚的人品在地方多有影响。

如皋一朱姓大户人家,仰慕丁的人品学识,特地邀请他去如皋坐馆,他与如皋的文人、画家交流密切。丁有煜在如皋颇获众望,如皋印派的艺术风气,也影响了丁有煜的金石创作。

丁有煜擅长绘画,尤喜画竹,画风与扬州八怪接近。《通州直隶州志》载:丁有煜"肆力诗、古文及篆刻、水墨画。远近名流,联吟无虚日。"晚年他在自传中说:"少工写竹,竹不离个,因自号焉。"(见丁有煜自题黄慎个道人画像)他对画竹颇有心得,画竹叶笔用中锋成"个"字形。他也善于画水墨花卉、梅花;竹竿与枝叶的中锋技巧、竹叶"个"字法多姿多变。郑板桥称赞为"以书为画",精到的技巧和自封的雅号,使"个道人"这一艺名誉传天下,不复记其真名矣。

少时,丁有煜刻苦攻读四书五经及古文诗词,以诸生入太学受业。后来,看穿官场腐败丑恶和明争暗斗,不愿再参加科举考试,长期隐居军山,潜心治学及金石书画,为一不食人间烟火的文化人。他居住通州城南短草巷,在西寺桥东,宅有双薇园,其斋室也;因腿足染疾,长期于园中从事金石书画,又应王太守之聘,修缮州志。他与地方士绅并书画友朋往来密切,时相唱和。他写了鸿篇《双薇园集》,绘制水墨淋漓的梅、竹和花卉诸品。魏武在《南通书法一千年》中称其为"八怪之外又一怪的丁有煜。"丁有煜与长期寓通的福建处士刘名芳,与扬州画派的李复堂、李方膺、黄慎、罗聘、郑板桥交往甚笃,经常雅集、书画问道、诗酒唱和,也时有二三人或多人合作制画,珠联璧合,另吴景新、李霁也为丁的知己。

清乾隆年间,刘名芳(南庐)住军山团瓢,编《五山志》,丁与之相邻,鸡犬之声相闻,二人时常同游"招鹤崖",饮茶聊天,吟唱抒怀。此时刻,丁有煜、刘南庐、李方膺三人为友。《光绪通州志》刘名芳条有文记载:"他与李方膺、丁有煜交最久。"丁有煜有诗赠给李方膺:"我住短草巷,君住梅花楼,一日不相见,梅花短草愁。"

丁有煜,《画梅》

丁有煜之父丁腹松曾任知县,与李玉铉为世交,两家子女交往亲密。丁有煜时常与李方膺交流画艺,常相约去五山画会交流。清乾隆七年(1742),李方膺适逢为父守孝期满,邀请丁有煜等数位画友在其梅花楼小酌,觥筹之际,共同倡议成立一个书画组织,取名"沧州会",计划乘南通举行院考的时机大张旗鼓地成立。诸君推举丁有煜、李方膺主理筹备事宜,他们选会址、租办公用房、商拟组织人选、草拟章程等,采办了大量宣纸、册页、文房四宝等用品,购备了书画用印石;他们准备择吉日,在州衙附近的"百客堂"召开成立大会和首次雅集活动,与会成员将包括南通、如皋、泰兴等地的书画名流。正当丁有煜等人满怀信心、积极准备之时,官府下令制止他们办会。画社未果,丁有煜等人并未受打击,创作热情依然高涨,丁有煜有文《沧州会说》回忆这段经过。

丁有煜作画用笔老到,墨色淋漓,浓淡相宜。书画自成体格,炉火纯青。在其"个道人自书诗稿"中可见一斑,他作书浓墨中锋,方扁的字势有魏晋的飘逸,行笔有唐人的神韵,字迹浑穆而丰满,可谓月淡风清,诗意盎然。丁有煜晚岁居双薇园,幅巾宽袖,须眉如雪,望之若仙,自号个道人。

丁有煜治印也颇成就特出,他与扬州、南通、如皋各地印人交往密切。当时,徽派、如皋派相互磨合,江浙各派相互渗透,丁的印章溶秦纳汉,又能吸收时行流派之长,彰显传统又有新意。辛尘著《历代篆刻风格赏析》中说:"以'四凤'……及……郑燮为代表的扬州印派,是一批在徽派、东皋派双重影响下兼擅篆刻的文人艺术家。"丁有煜亦然。

丁氏自用印"诗号幻壶画名石可",行刀轻快,线条方圆相济;白文"一大戏场",动静相参,字画有方有圆,虚实笔画与曲直相调剂,有匠心;大型白文印"修竹吾庐"有汉印之浑朴和斑驳,此印边款为大字手写六分半书体,书风似郑板桥,是丁学郑书风还是郑喜此印为之题款,不得而知。此为竹根印,是如皋派印人喜爱奏刀的印材;有佳

丁有煜,刻印

构的竹根印还有"雕虫馆"等印。

丁有煜的艺术成就得到同时代名人袁枚、郑板桥、黄慎诸家的好评,清乾隆二十年,黄慎为丁有煜绘坐像一幅,画上有郑板桥、袁枚题记,丁丽中则自题《七解》和《自传》,这件纸本真迹,现藏南通博物苑。

丁有煜著作有《双薇园集》五卷、《双薇园续集》《与秋集》二卷、这些书有反清复明的民族倾向,在乾隆四十五至四十七年的文字狱中遭禁毁,流传极少。此外,还有《个道人自书诗稿》石印本,《个道人遗墨》1923年翰墨林书局影印本。南通博物苑藏有《丁有煜墨迹选》,南京博物院藏有《花果图》十二开。

第八章　维扬四凤人中龙　印林俊杰沈凡翁

沈凤(1685—1755),清代书画篆刻家,江苏江阴人。字凡民,号谦斋,又号凡溟、樊溟、补萝、帆溟、凡翁、桐尹、沈叔子、补萝外史、罨画居士等。

沈凤长期寓居扬州,拜著名书画家王虚舟为师,他与高凤翰、潘西凤、高翔在扬州刻印齐名,并称"四凤派"。郑板桥有许多用印出于沈凡民之手,郑编拓藏印集《四凤楼印谱》即为四人为郑所刻印。他与南通李方膺交好,曾作客梅花楼,也曾寓居如皋,成为如皋派客籍印人,名列《东皋印人传》。

高斌在《谦斋印谱》序中对沈凤这样描绘:"沈凤是江南名流,身材魁梧,长相清逸而有丰神,风流潇洒文人气质浓厚。"少年时,喜欢吉金乐石,时常探求篆籀古文。但是,所居穷乡僻巷,这些金石重器、碑版善拓,寻找还是比较困难。因此,青年沈凤开始云游四方,曾经四次去京师,一趟访酒泉,搜访古今名迹。向东,到过山东齐鲁大地,搜访秦汉丰碑石碣等遗迹；往北进入燕地，成日在周宣王石鼓等古物上研究，从中获取古文字书法及金石知识；向西，到达秦岭汉中，以至西北酒泉。大量访求晋唐遗迹、秦汉石刻；想尽办法获取金石拓片，有时亲手拓制。艰苦的寻访和探索，王澍在《谦斋印谱》序中描述得颇为详尽。

青壮时期，沈凤客居扬州，在古印收藏家程从龙家，遍观各种商周鼎彝、青铜器物、晋唐书画真迹；临刻秦汉玺印千余方，也专心摹绘书画。

侨寓扬州二十余年，与郑板桥、金农、高凤冈、李方膺、袁枚等文学家、画家时相往来，经常雅集，交流技艺。其眼界渐宽，技艺大获进益，亦为名彦硕儒大量刻印。拜大书家王澍（虚舟）为师，深得王器重。王虚舟《谦斋印谱序》称赞他："无所用意，应手虚落，自然入古，盖凡民信可谓取精多而物宏者。"沈凤刻印笔势纵横，得秦汉风格，王虚舟说："都下求印者如麻。"汪退谷则说："得画沙印泥之法，一气呵成，当今摹印之道，舍凡民其谁与？"凡民书法有功力，亦

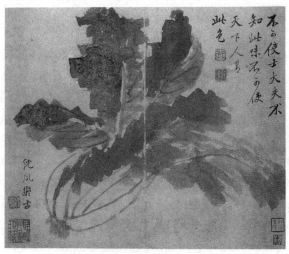

《沈凤杂画册》白菜图

善山水画，他自己说："篆刻第一，画次之，书又次之。"（刘江《中国印章艺术史》第383页）苦心钻研刻印六十余年，印路宽广，内涵丰富。作品中，鸟虫篆"沈凤私印"、古玺"谦斋"等，结构新颖，功力深厚，远超同仁。白文多字印"纸窗竹屋灯火青荧"，早年沈凤临周亮工，共刻四枚，一方贻王澍，一方赠王澍的老师彭南昌，一方赠新建好友裘鲁青，第四枚自留。白文浑厚而端方，字距留红而疏朗，古拙精美，行刀生涩发力，殊少媚俗；"纸窗"一印由王澍楷书为款，记载临刻四枚过程。沈治印在朋友圈中大受欢迎，自己说："三十年来为人所刻布满一世。"阮元《广陵诗事》载："郑燮之印，偕出沈凡民、高凤翰之手。"清康熙五十四年（1715）沈三十岁，由老师王虚舟资助出版《谦斋印谱》。韩天衡《中国篆刻大辞典》称："康熙五十三年（1714）辑《谦斋印谱》四册，乾隆十八年（1753）重辑《谦斋印谱》二册。"

清乾隆二年（1737），沈凤53岁，授江陵南浦通判，走上仕途。先后在宣城、建德、盱眙、泾县等七个县任县令，因而后半生以政务活动为主，政绩渐佳，日益有所获，宦途全始全终，直至清乾隆十六年，年近古稀的凡民，告老还乡。乾隆年间，袁子才、李晴江住南京，凡民晚年也寄寓南京，当时尤以李方膺、袁枚、沈凤三友交往最密，被誉为"三仙令"。从以上经历可知，沈凤53岁以后，在多地为官从政，生活十分稳定，其艺不以生计计，因之在艺这头，篆刻不计工拙，以汉为法，往往有得心应手之妙。沈氏刻印平稳大气，恪守传统，印风平正，深受各界欢迎，公卿士大夫多以获一至二枚凡民治印而倍觉荣幸；书画友、文学朋众硕儒俊彦都喜与之交，扬州画派有好友李方膺、郑板桥，更有王虚舟、汪退谷、袁子才推介沈的印艺，沈是为高产印人，刻印之夥，自诩"三十年来为人所刻布满一世。"

沈任盱眙令，任所多为百姓造福，数十年后告老还乡，诸友相聚，已是鬓发苍苍，但仍然双目炯炯有神，潇洒健硕的身躯，坚定的步履，可谓老将不减当年勇；良朋贤友相见，许多天都聊不尽文情趣话。郑板桥作画喜用凡民治印盖之，板桥集拓诸凤友刻印成《四凤楼印谱》，内收沈氏之印十二枚。（萧高洪《篆刻史话》179页）

今人于沈凤治印评价，语多赞誉。亦有一些客观批评可供参考。如方去疾介绍沈凤印艺："工整有余，气韵尚嫌不足。"刘江著《中国印章艺术史》说："少个性和刀石味。"赵昌智等《中国篆刻史》则说："沈凤篆刻以秦汉为宗，古丽精峭，不尚巧饰，没有时风流弊，也不标新立异。"其师王澍在《谦斋印谱》序言中也说："然朴拙有余，精蕴或减。"总而言之，沈凤在"四凤派""如皋派"中的艺术地位，还是应该充分肯定的。

沈凤，刻印

第九章　五柳雅居研六书　竹印高手乃墨庄

乔林（1731—？），清代书画篆刻家，如皋印派的殿军人物。江苏如皋人，字翰园，号西墅，晚号墨庄。

乔林世居如皋城北丁家所，此地现属海安李堡镇。家

乔林，诗卷书法

中园林、亭台、树石、假山颇具品位，心仪东晋陶渊明先生居所"五柳居"，仿其格局营造。乔林喜好读书，涉猎经史子集，尤钟金石书画，与文学家、金石家桂馥、毕沅为同时代人。金石篆刻学许容，研金石古籀，通六书之变，数十年苦学，从未间断。当时一些藏家于古器物多不识，则求他考证，于是考据出周秦以来篆籀的源流派别。喜作山水画，书法淳朴浑劲，多从古法入手。

乔林畅游京师，与毕秋帆尚书往来甚密，赴京长住毕沅的"灵岩山馆"。毕沅喜藏碑帖，复制碑版，因之，毕沅的碑版刻石，多半出于乔林之手。

乔林生平刻印较多，南通民间收藏乔氏遗印也较丰富，尤其是其所刻竹根印。清代工部尚书、协办大学士彭云楣曾将乔林刻制的竹根印献给乾隆皇帝，乾隆见了龙颜大悦，仔细欣赏，看到边款刻有"墨庄"小字署名，便问"墨庄"何人，庭下有大臣奏称作者是宋代墨庄，为善刻竹印者。皇帝感叹，吩咐手下侍臣作"竹根图章歌"记载此事。人们错将在世墨庄当作宋代墨庄，乔林做了无名英雄，错过了领赏甚至提拔的机会。他刻有一印"人事多所不通，惟酷好学问文章"代表了他的处世观和艺术观。

乔林喜作山水，其山水画不拘成法，有苍润蕴朴之趣。篆刻学秦汉，亦承袭如皋派。善用多种印材为载体制印，晶玉、瓷牙、铜石皆能轻松奏刀，尤善手制竹根印，竹印多古意，精雅可爱，印章边款字体饶有笔法，显示书法功力。刘江教授《中国印章艺术史》中说:"他的篆刻,书体工整,笔法老练。章法、刀法师从许容,严守法度,但过于拘谨,缺少变化。如白文印'桃花潭水',朱文印'渔村''歌吹沸天'等,平整中注意笔画的变化,留有空白,有动感。在印中多借用偏旁之举,为其特点,但从整体上看,程式太多,笔法、刀法皆显得拘谨生硬,气局不大。"刘江指出乔氏印章的优缺点,程式化倾向是如皋派的特点,也是不良倾向。但乔林于如皋派中后期,在承袭传统和发扬时风方面,还是有贡献的。

如皋博物馆藏有较多如皋印人原作,其中有乔林竹印朱文"泛乎若不系之舟",用古诗入印是如皋派特色,这种创作思路推动了篆刻创作,丰富了印文内涵,如皋印人有开创之功。

乔林的著述和作品集有《金石萃言》《篆隶汇编》《墨庄印谱》。

乔昱,乔林长子,字丹辉,号镜潭、铁庵;《墨香居画识》称他"长水墨兰竹,篆刻承家学"。

乔普,乔林子,号云客,亦工篆学。

乔林,刻印

第十章　虚舟门下摹竹简　竹艺超群赞西凤

潘西凤（1736—1795），清代篆刻家、竹刻艺术家。浙江新昌人（《东皋印人传》称台州人）。字桐冈，号阪桐、老桐、天姥山樵。

潘西凤长期客寓扬州，在扬从艺也应邀寓如皋友人处，篆刻风格为如皋派，在扬州为"四凤"印人之一。

桐冈工于诗词，精音律，擅制古琴。他将写字制印作为研讨学问、研究音律之外的业余活动。缘于这类业余所事的刻印、刻竹乐趣，使老桐成为一代有名的竹印篆刻家、竹刻艺术家。他和如皋派印人姜任修、姜恭寿、范尚之诸人极友好，他们时相往来，商讨学问，交流印艺。姜恭寿（香严）曾客居扬州，他们均为扬州书画界作者，潘西凤曾应邀客居姜恭寿西河草堂。姜任修（退耕）曾有诗评潘西凤："老桐于法天所倚，古学如线中流砥。"

清代在扬州坊间，流传《四凤楼印谱》，此书又名《郑板桥先生印册》，是郑板桥将自己常用印拓编辑成的印集，印集收入名号中带有"凤"字的四位印人为郑所刻之印，潘西凤是四凤之一也。

潘西凤治印在扬州、如皋有名望，尤其擅长制竹根印；更有出色的刻竹艺术品传世，又是金陵派竹刻传人。

传世的潘西凤印拓，有许多为竹印。"画禅"长方白文竹根印，作于清乾隆二十一年（1756）秋，画禅是指画家心于一境，冥思妙理的意思，此印适合作引首章或闲章，印文用汉印文字，感觉工稳、浑厚、端庄；另细朱文长方印"二十八宿罗心胸"及白文方印"白发多时故人少"也是竹根，在坚韧而有纤维丝路的竹质地上，表现细铁线篆的纤巧和绵里藏针，还有白文的冲切刀味，足见潘老桐刻竹印的高技。

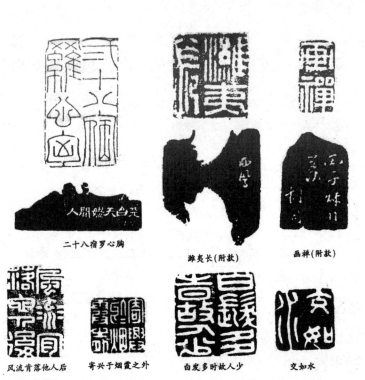

潘西凤，刻印

满怀古文字的学识和书画特长，又精于竹雕竹刻，老桐却困顿于扬州，唯以技艺谋生，郁郁而不得志。但他并没有颓废低沉，与扬州画人郑板桥、李复堂、高翔诸家友善，经常讨论技艺，交流作品，郑板桥有赠诗："先生信是人中仙，天公曲艺来缚絷。困倒扬州如束湿，空将花鸟媚屠沽，独遣愁魔陷英特。"并劝慰说："丈夫得志会有时，人生意气何终极！"

潘西凤有过一段经历：清代大将军年羹尧因守疆有功，朝廷重用，显赫一时，潘西凤曾被招募至其麾下为幕客，他因见识卓越而"时多匡助"，表现不俗。及至后来所献计不被采用（失去信任），潘西凤毅然"拂衣辞归"，因他个性强烈，不肯媚俗。后来年羹尧东窗事发，被朝廷诛杀，这件案子株连许多年羹尧亲信及部属均被处死。而潘西凤却安然无恙，因祸得福。此后老桐不再参政，布衣一生（此说法见缪缤《明清各家闲章原印精品》一书）。

潘西凤在越东黄冈岭祭扫祖墓时，得到一根奇竹，他将其锯裁制成琴，琴做成后，声调清越，人们称可与蔡邕"焦尾"琴比美。他将多余的竹材锯磨加工成为许多竹印，镌刻后分赠亲朋及画友。有文字记载此事说："一时尚之好古之士争购焉。"

老桐受业于吏部员外郎王澍，王澍临王羲之"十七帖"，临写完稿后，令潘西凤刻于竹简上，为一件精美竹刻艺术品，名为"竹简十七帖"，此件在清嘉庆年间收入大内，成为皇家藏品，著名书法家翁方纲为之作跋。

潘西凤久居扬州，以竹艺为生，久之其竹艺远近闻名，而篆刻倒为刻竹所掩；郑板桥说："潘桐冈工刻竹，濮阳仲谦以后，一人而已。"濮阳澄，号濮阳仲谦，乃明代金陵派竹刻创始人。于是，竹艺界视潘氏为金陵一派。

传世有一潘西凤刻臂搁，以畸形卷竹裁截，竹的自然虫蚀斑痕，别存天趣；此品款识铭文，著字不多，赏之隽永有味。他还善于浅刻，曾取一

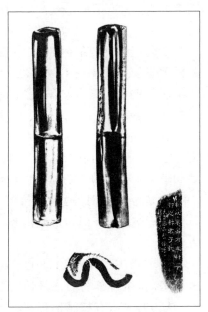

潘西凤，竹刻《铭臂搁》

湘妃竹扇骨，让郑板桥就其斑纹，作梅花数点，瘦枝连缀成画，潘老桐施以浅刻，疏影横斜，十分巧妙。深刻同样是老桐的精湛技能，"十七帖竹简"共十二简，字字神采照人，礼堂赞为"精妙无匹"。近代，沪上曾出现《秋声赋》笔筒，为潘西凤手制，有深有浅，刀刀精刻。

潘调禋，潘西凤子，号本山，也擅刻竹根印和竹艺，家学渊源。潘西凤客居如皋，本山随从之。太史姜任脩写有汉隶华山、有道二碑，嘱本山以枣木刻制，还让本山刻枣木印多枚。

第十一章 东皋印学传千古 但开先河黄楚桥

黄学圯（1762?—1840后），清代书法篆刻家，如皋派后期主要人物。江苏如皋柴湾人。字孺子，号楚桥，自称海西渔父。

清乾隆年间，黄楚桥出生于江苏南通平潮，据清代与黄楚桥关系较好的沈裕本叙述，黄楚桥去世后，沈从黄的旧仆人李某处购得《黄济叔印集》，沈在此谱题记中写道："黄子楚桥公裔也。"按此记述，沈裕本的话应可信，所以许多专著提到黄楚桥，认为黄楚桥是如皋派早期印人黄经的后裔，至少是远房的家族后人。因此，黄楚桥推崇黄济叔，收藏和学习黄经的印，也是合情合理的。

黄楚桥善诗词，通六书和文字之学，少年时代，受其兄黄瘦石影响，攻诗词和古篆古籀，因而精通六体、八体书和古文字。

清乾隆庚子年春（1780），真州吴叔元来到如皋，寄寓舍桴庵，黄楚桥慕名前往拜访。吴叔元称赞邵潜、程邃的印学，认为时人未有超越邵程者。吴叔元拿出邵潜、程穆倩以及他自己刻的作品，供黄楚桥学习和观赏，给楚桥很大的启发。吴先生要求楚桥从汉人印章临摹入手,拿出一千多方秦汉古铜印给楚桥临摹。从此黄楚桥拜吴叔元为师,朝夕相处,听其教诲。这年秋季,楚桥临摹刻制一百余枚印,吴先生看了,称赞说:"可与语斯道矣!"吴叔元多次留寓如皋,对黄楚桥的印艺有很大影响。黄楚桥去过苏州、扬州等地,与印友交流,向长辈学习。有名的"四凤楼印谱"是他在扬州的书摊上看到的。

《江苏艺文志》记载:黄楚桥师事仪征人吴叔元(吴思堂),从吴先生处看到许多前人篆刻作品,深有启发,决意在学印道路上继承邵潜、黄经、许容、童昌龄的风格,"究六书之源,考摹印之解。"果然如他所愿,一生留下了大量篆刻作品和印学著作。直至20世纪80年代,我在南通市区卢先生、朱先生等藏家以及人民路上的文物商店橱窗内,都有发现黄楚桥的印章。

黄楚桥先后在朱珪、陶澍处为幕僚,朱、陶均为名人,他们对黄楚桥的艺术成就十分欣赏。他客江苏巡抚陶澍幕中最久。耄耋之年,黄楚桥仍然奋斗不止,尚能为人奏刀。清道光年间陶澍曾说:"国朝二百年来,摹印名家者可以指数,而大半得之雉皋。"费范九对黄学圯的评论是:"如皋印事历久不衰,而上溯遥源,不能忘邵为其初祖,则其衣钵相传之遗泽,自不可没",肯定了如皋派的地位。

清乾隆五十七年壬子(1792),黄楚桥将自己的刻印汇集成册,计二百一十多方,编成《黄楚桥印稿》二卷,印面大小不等,形式各异,最大型白文印"人无所不至,惟天不容伪"有4.6×5.4厘米;小印"黄石一片"仅1×1.5厘米;印形有方、半圆、钟铎等,包括异形。最多者刻全篇诗词数十字。多以诗句或座右铭为题材。《黄楚桥印稿》受到各方面关注,作序者有吴合伦,上海曹大澄、吴经元;题词或赠诗有朱洪寅,南通施廷柱、宗孔思;还有南通曹星谷、李懿曾等三人作跋,李懿曾文中称赞:"具紧严之结构,恒惨淡以经营。援力作笔,却非弄墨萧何。"此谱南通市图书馆有藏本,为清道光六年丙戌(1826)汪氏文园印本,全四册。

《黄楚桥印稿》雪声堂本
书影二种之一

《黄楚桥印稿》雪声堂本
书影二种之二

黄楚桥,《历朝史印》道光本书影

黄楚桥,《历朝史印》朱珪序书影

黄学圯的篆刻艺术，还体现在他以数十年精力，专心刻制的一部大型印集《历朝史印》。以往印人集册多为名章、吉语章、闲章的综合体，至黄楚桥则以歌颂历史人物的形式刻制为谱，有开创性、艺术性和史料价值。

《历朝史印》皇皇十卷，清嘉庆二年丁巳（1797）编成，有大兴朱珪作序，汪氏文园刻本。吴叔元、黄楚桥师徒曾先后游览文园，交流艺事，留有艺踪。

楚桥于诗词书法刻印的成就，受到专家名流的推崇和认可，石蕴玉、陶云汀和福州梁章钜诸公均有好评。

清嘉庆以后，楚桥于《史印》不断修改、增删、订正，使之更为完美，终于在二十年后的清道光七年丁亥（1827），刊印重订本，汪氏文园刊刻。《史印》采用五百多枚形状大小大体相似的印石，内容立足印史研究，以历代史学家名姓为印汇成谱，具有十足的学究气，在印谱史上有艺术性和版本价值。

楚桥与兄黄瘦石、姐夫汪之珩二位感情甚洽，多受二人之助。黄与其师吴叔元多次游文园，楚桥印谱著作多赖文园刊刻行世。

黄楚桥，《历朝史印》卷一书影

黄楚桥，著《东皋印人传》西泠印社本书影

西泠印社创始人叶铭曾编有《印目》一书，收入《历朝史印》，评价说："雄浑高秀有秦汉人风格，元明名家可与颉颃者。"

黄楚桥对如皋派的功绩，更突出的是编著《东皋印人传》，他效仿周亮工《印人传》的形式，将明代后期至清季，如皋、南通一带从艺的一大批印人归入如皋派，包括世居如皋、客寓如皋或与如皋派活动特别密切者均入传。人物信息包括乡里、著述、艺术成就和逸事诸项，比较详尽；个案中也包括艺术传承的父子、兄弟等家传；上卷收如皋本土或定居者，下卷收流寓、作客如皋者；语言洗练，叙述精到，收入了盛行清代二百年的如皋派资料。李琪跋文说："彼四方之士，岂无精斯艺者？惟以不得生楚桥之乡，并不得客楚桥之乡而湮没不传，可胜道哉！"《东皋印人传》有数种版本，可证流传有绪。如清道光十年（1830）汪氏文园刻本，陶澍作序；清道光十七年（1837）楚桥书屋本；1937年西泠印社线装排印本；2005年香港国际统一出版社本；2006年南通市文联收入地方印学集《南通印痕》中。

卢心竹生前藏有二枚楚桥印，朱文"果香书室"为铁线篆，线条劲挺，布局停匀；长形朱文"问竹评花"，边饰破碎斑驳，字画架构用笔有书法味，但画面过于疏朗，显出如皋派的风格。卢殁后二印流入他人手中。

黄楚桥《历朝史印》的原石，原在地方藏家手中，后经战乱毁失于兵火，劫余之印流入江南，如海仲某藏有约八枚，方形约2.5厘米，已是劫后余生的楚桥实物。近十多年，印学研究空气日盛，收藏和研究者已对如皋派日益关注，地方收藏市场有人感到做大名头容易曝光，小名头尚可渔利，于是近年地方杂摊上出现的黄楚桥刻印，印文选"五山画史""大欢喜"之类，在多个方面漏洞层出，识者和爱好者不可不慎。

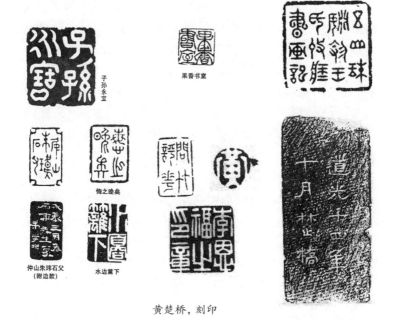

黄楚桥，刻印

黄楚桥的著作有《黄楚桥印稿》乾隆本、道光本；《历朝史印》嘉庆本、道光本；《东皋印人传》汪氏文园本、楚桥书屋本、西泠印社本。另外《纫香淑印存》中也有他的作品。

第十二章 慧茂慧眼识慧谱 钱潜思潜存潜石

钱潜，清代篆刻家，今江苏南通平潮人；字步瀛、诗船，号文英，馆号印心堂，因钱潜治印崇拜邵潜，改号思潜。

钱潜生活于清代乾隆、嘉庆年间，与同时代的著名文学家沈德潜、著名画家邹一桂均有交往。钱是清中叶南通篆刻的中坚。在长期的篆刻实践中，钱潜心礼如皋派领袖邵潜，也喜欢刻黄杨木质印章，沈德潜称赞其治印："古茂渊懿，逼肖秦汉人手笔。"

钱潜居住在通州州治往西的"三十里",今为平潮镇。钱潜少年时代,研究学问攻科举之业,但未得功名。在无地发牢骚抒志向时,他选择研究书法,攻六书和八分,陶冶性灵,更以刻印为精神寄托。他曾说:"印章要诀,下笔如下营,审字如审敌,对篆刻如对垒,临刻如临阵。"从这些言论可知钱潜十分钟情篆刻艺术,他以一杆铁笔游走多地,拜师访友,篆刻技法渐渐成熟。游历各地,增长识见。晚岁精力渐渐不济,回归乡里,但仍继续金石生涯。

他曾在乡里结交一木工朋友,两人友好,钱为他刻过许多印章,多以竹根、黄杨木印章。普通匠人地位低微,西乡文人十分鄙视木工,钱潜则不小看木工匠人,常虚心与之交谈技艺,常常拿刻制的木印赠给木工友。日久天长,木工朋友满抽斗装入许多钱潜刻赠的印,抽斗满了,再装入竹筐。木工去世后,其子将印售给邻人张某。张某经营不佳,久之无力保存这批印,便散出,流入如皋。

当年因南通地区不产石材,而竹木类材质遍地可得,钱潜刻印不挑选材质优劣,石材充分利用,拟刻二面至四面,竹根、黄杨皆精熟于手。他的作品留存有《印心堂印谱》,此书录有沈德潜、钱陈群、邹一桂、马宏琦、许松佶、德风、申梦玺、范械士、顾云、朱奎扬等诸名家序文,沈德潜称他:"而举动端方,意气慷慨,亦复不同群类,其人品诚有不可及者。"

钱潜,刻印

钱氏常云游天下,发挥刻印之长,用以交友。也有将行艺所得收入,买来米粮食品,归家孝敬亲人,不忘家人养育之恩。著名书法家,礼部侍郎邹一桂在他乡作画时,画中缺印章,钱潜当场为之刻章,让他盖在画上,邹喜,评价其印:"玩其笔力局法,深得古人遗意。""造化灵奇,有鬼斧神工之妙。"其白文印"本色风流"用笔停匀,圆转自如,用刀虚实有法。

钱潜谢世多年后,其作品《印心堂印谱》逐渐少见。但有人关注,民国八年,钱潜的同乡,著名出版家、收藏家、平潮人费范九,在城里一位经营古玩的殷姓老人处看到《印心堂印谱》残本,尚存十页,存有钱陈群、沈归愚、邹一桂等十八人的序文。费范九对此谱甚感兴趣,喜而购走。因残谱已失去原谱的印章,于是费师洪将自家原藏钱潜印拓三十枚,加上钱霞九所藏十八枚,整理影印成册。民国九年九月,费范九撰写印谱新的序言,介绍钱潜的艺术成就,叙述发现和收集钱潜印作的经过,印书费用由费范九与钱氏家族后人共同负担。新中国成立初期,市书肆尚能见到费氏所印此书,20世纪60年代笔者在南通市古旧书店购过一册,可惜在"文革"混乱中丢失。

第十三章 金索石索铸鸿篇 云鹏云鹓同连枝

冯云鹏(1765—1835),清代书法篆刻家、收藏家。江苏南通人,字晏海、滟濑,号九扶、红雪词人,增贡生。

冯云鹓(1779—1857),清代书法篆刻家、收藏家。江苏南通人,冯云鹏之弟,名金授,字葆芝、宝芝,号集轩、仪叙,馆号邃古斋、壁珰精舍。

冯云鸿,清代书法篆刻家。江苏南通人。冯云鹏之弟,字于逵。岁贡。

南通冯氏于明朝初年迁居通州金沙场,以后繁衍不息,成为明清之际南通大家族之一。清际《光绪通州志》中,记载冯氏家族名人近二十人,其中就有冯氏第十二世孙冯云鹏、冯云鹓。清代,冯氏家族鼎盛时期,庞大的家族所住宅第有十多处。其中有冯旗杆巷、关帝庙巷、掌印巷、惠民坊、大巷、小巷等。其时,"畚箕营"为冯云鹓宅,"州后"则为冯云鹏宅。

冯云鹏活跃在清乾隆、嘉庆、道光年间,功名为增贡生,但十多次乡试均未能上,仕途失意。他曾长期寓居石港场,投入较大精力读书,因而精于诗词,学识渊博;他热爱书法篆刻,善于赏玩鉴别古器物、古董、文玩。他一生痛恨那些尸位素餐、沽名钓誉、滥竽充数、不学无术之徒。他勤勉学问,勤于著述,爱好广泛,于诗词、六书古文、金石书法、鉴赏、昆曲都有所涉及,可谓多才多艺。他在地方是有名的昆曲票友,诗友雅集的积极唱和者,金石治印的能手,青铜器物、古碑、古印的鉴赏家。

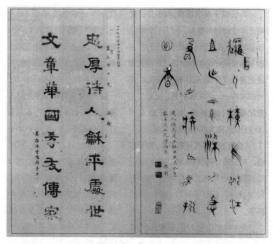

冯云鹏,书法二幅

冯云鹓为云鹏的胞弟，与兄长一样，精研学问，博闻强记，于文学、诗词、书法、金石考据诸项均有造诣。冯云鹓于清嘉庆十六年（1811）中进士，清嘉庆二十四年（1819）至山东，补山东兖州府嶧阳县知县；清道光八年（1828）任曲阜县知县。嶧阳、曲阜是古代文物云集之地，冯云鹓邀请其兄冯云鹏长期客居自己在嶧阳县的任所。他们经常相约踏访曲阜、泰山、任城、元城等名城重镇，孔孟故里、古城大邑等所在。这些地方常常能淘到青铜彝器、古铜镜、铜印封泥等。有些心仪的古器物，实在是可遇不可求的。昆仲二人，时时以踏青采风寻宝、访友为乐事，经历着打眼受骗钱物两空的痛苦，寻求着猎奇和捡漏的快感，享受着满载而归的乐趣。在日积月累、辛勤求寻的过程中，锻炼了眼力和见识，学会了考证和辨伪，为研究金石文献积聚了大量重要实物。多年的跋山涉水，长期的搜妙创真，兄弟二人搜罗日广，庋藏宏富，藏品多种多样，常有珍罕意外，玲珑目不暇接，在当时的收藏界可谓富甲连城，名声日渐远播。

冯氏兄弟眼界渐宽、造诣日深；他们丰裕的藏品和精辟的考证，使其二人金石书法的研究和创作日渐精进。冯云鹏擅长篆隶，所书鸟虫篆、柳叶篆，既有功力，也有古文奇字的修养，这种眼力和识见，也体现在其著述中。

云鹏、云鹓兄弟，同气连枝，醉迷金石，以金石文字考证、古器物考据为研究重点，暇则遍访古迹，兴则四方交游，呕心沥血，积数十年精力和财力，二人合作编成卷帙宏富的《金石索》，书甫一出，轰动收藏界和学术界。书以详尽的文字记载，精准的器物图录，珍罕的古碑古刻，精工的书版雕刻，奢华的木刻线装，丝绸包角，上下两函洋洋十二卷，是为北宋欧阳修《集古录》、南宋赵明诚《金石录》之后，又一部重要的金石文献巨著。本书有极高的文献价值和学术价值。《金石索》清代系木刻版，民国有影印本，近代也有重版本。清代线装木刻版本拍价高达数十万,一书难求。日本的研究学者也将此书作为金石考据的重要工具书并奉为圭臬,日本《书菀》杂志发表的学术文章多次引用《金石索》为参考书目。20世纪60、70年代,冯云鹓的后人冯淑媛与其弟一道,将家中珍藏的《金石索》木雕刻书版赠送给南通博物苑收藏,有关报刊报道了冯氏后人的这一善举。

《金石索》原版本甚为珍贵,后续的石印本、影印本多数藏存馆所和民间,流传有绪,方便学者查阅。清道光年线装本全书十二卷,其中上函金索六卷,收录历代钟鼎彝器、兵器、度量衡、钱币、玺印、铜镜,书页版缝有"邃古斋藏"字样,器物绘有图形,原寸大小,有考订文字。下函为石索六卷,为历代碑碣、画像砖、古砖瓦,碑刻录原文,砖瓦摹绘其字,亦有考订文字。

冯云鹏、冯云鹓,编《金石索》书影

冯云鹏的印章目前存世较少了,散见于一些著述所引用。长形朱文"气象万千"用早期古文入印,其中"象"为象形文,此印行刀娴熟,转折自如,字画的粘边,较之如皋派早期印的疏朗夸张,已严谨沉稳,渐走向成熟。白文"映雪轩"承继汉法;白文"冯云鹏印"为鸟虫篆法;另一枚白文"门当五朵玉芙蓉"为典型的如皋派形式。他于清嘉庆九年书《武王铭后识文》一册,娟秀的小楷(南通市图书馆有晒印本),书后有刘石庵、曹星谷、胡长龄题识;清道光二十六

冯云鹏，刻印

年书古籀文《岣嵝碑》，南通市图书馆藏有拓片。

费范九编《南通书画大观》，云鹏有二幅；篆文立轴为鸟虫篆，即古称"传信鸟迹书"，字画有鸟虫装饰，字体怪异，为一首五言诗；前述古文《岣嵝碑》刻石在狼山山顶大门旁。《大观》中另一幅为隶书中堂，撇画圆转浑厚，横画蚕头含蓄，撇弧度夸大，捺突出雁尾，功力较深。

兄弟二人除合著《金石索》之外，冯云鹏著有《崇川金石志》一卷，《红雪词》甲集二卷、乙集二卷。冯云鹓著有《冯氏族谱续编》十卷、《直隶通州志续编》存稿本、《济宁金石志》八卷、《圣门十六子书》十六种。

第十四章　秦篆汉隶笔生花　亦庐铁书誉穆门

汤徽典（1770—1846？），清代书法篆刻家，江苏南通平潮人，名徽典，号穆门，师从如皋派钱思潜。

清代中叶，平潮市镇经济发达，交通方便，因而文化活动相应繁荣，在文学和书画领域出现了一批出类拔萃的艺术家，其中汤徽典、汤密、钱轩是平潮书画界著称者。

汤徽典受到良好的家庭教育，学习认真，朝夕攻读经史子集，孜孜不倦。自小跟随舅父钱潜学习篆刻，钱潜师从邵潜，取法文何诸派。这种环境中，汤徽典刻印章法师古，刀法秀润，用篆熟习，他的印章较少世俗气，多存书卷味。

汤曾自述，经常夜深人静，点灯上火，将从舅父处学到的技法不断实践，久之达到心手相应；时时检查选字和章法是否合乎法度，从得失之间巩固所学的篆刻技巧。父亲看他痴迷刻印，提醒他刻印要以六书源流为本，熟读"说文解字"，了解造字方法。因而，汤徽典能于学古法中出新意，学文彭的秀雅，学何震的苍劲，取前人长处，努力避免俗气。

　　清道光十四年秋（1834），汤徽典将自己所刻制的石章、晶玉竹木章等汇集起来，计数百枚，集成《亦庐余事》，共四册，前三册为汤自刻印一百七十方，第四册录明代甘旸所撰的《印章集说》（见《历代印学论文选》上册）。

汤徽典，刻印

汤徽典，隶书

南通名士周煊评论汤徽典:"穆门之品良玉精金,穆门之学茹古含今,穆门之文班香范艳,穆门之才纬史经经。"认为汤徽典在文学和艺术上有一定的艺术成就,他的成就与程邃、邵潜同样名列史册。

汤徽典习秦碑汉碣,有书法功力,临摹古碑,取法乎上,久之笔健体正,技法与日俱进。他的印集名"余事",其实亦当一种专业技术研究,超越了浅尝游玩的余兴。

费范九《南通书画大观》刊有汤徽典写给荔邨的隶书立屏,字体工稳,笔画转折娴熟,有汉隶体势。20世纪70年代曾于城东许老人处得见汤徽典手刻印,青田石双面刻,一面朱文,一面朱白相间,隶书款;另白文"淡中有味"以汉印文字改为圆笔调,疏朗为如皋派形式;朱文"我用我法"以古篆入印,亚字边框,晚明程式;白文"阳春似我以烟景,大块假我以文章"用汉印法,单刀直入,略见功力;汤徽典的著作有印谱《亦庐余事》。

第十五章 七十二候金石苑 皋东名士亦风流

刘宗

刘宗(1898—1954),近代皋东书法篆刻家。江苏如东马塘东乡十里墩人氏。字石荪,号国宗,晚号石宧。

刘宗印作不完全以清际如皋派为宗;他生于光绪,生活在清末、民国之际,居住如皋东乡,印风和印学与如皋派有一定的传承关系。

刘宗幼承家学,好读书,攻四书五经,精于诗文,擅长书法篆刻,为皋东文友所景仰。弱冠出道,得名师授教,走出皋乡,游学南通、上海等地，以文会友，购置书籍，艺术交流，其文名渐在如皋、南通为众所认。

皋东文友常常举办"笔会"，相互酬唱，交流书艺。刘宗经常应约到会，热心动笔。20世纪20年代，马塘邓云程老母九十大寿，宾客盈门。刘与邓为表亲，寿酒宴罢，马塘名绅吴兰伯有心试试青年刘宗的才学，因嘱其即席作书，刘宗胸有成竹，铺纸润墨，写下"柏节松年"以祝寿，满堂宾客纷纷赞许。1926年，马塘市议会议长、书法家朱亚陆逝世，通如各界名士撰文凭吊，寄托哀思。刘宗吊唁的是自撰挽联："八法示真诠，愧我疏才难学步；一场惊春梦，哭公热血竟何裨！"文笔朴实，风度谦逊。诸友看了，称赞字句对仗贴切，书法亦佳。这副对联选入"悼念朱氏诗文和朱氏遗嘱合集"《陟怙录》。日寇侵略时期，刘宗和管华农、严敬子、周筱斋在马塘南街严宅组织爱国文学团体"鸡鸣社"，用诗词书画抒发忧国忧民情怀，同时号召反抗日本侵略，收复祖国山河。

先生爱国爱乡，并且乐于助人，曾多次捐资购书供"鸡鸣社"社友阅览。

刘宗的行书，宗法王右军，兼涉及智永等，喜作狂草，行笔圆转。近年其后人编《刘宗墨迹印痕》收有狂草屏条和对联。如东文联石剑波曾称赞："临王右军圣教序，得八面出峰之笔法，然后上溯秦汉，致力于篆隶的研习。"先生书法在南通、如东的寺庙、学校留有墨迹。1953年，马塘中学新校舍落成，先生应邀题写校名，并为马塘中学留存

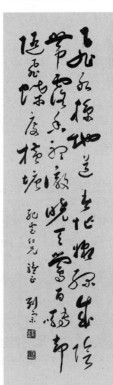

刘宗，行草书法

多幅书作。南通东郊法轮寺重新修缮时,住持通过马塘圣护寺惠芬和尚的推荐,请刘宗为庙宇题写堂匾、挂屏等多件。

旧时文人多视刻印为雕虫小技,刘宗不以为然,他善诗词书法,也重制印,身体力行,创作了大量字句印、人名印、自用印。同时拜师访友,外出购置许多金石类字典和碑帖印谱,壮年时期创作进入高峰期,手头积存大量参考书。其所藏容庚著《金石书录目》,书中夹有一张书单,写出多种需添购的印谱和工具书,在"十钟山房印举"一条下,特地注明:"以此为最富"。他收藏的许多线装本印谱和碑帖,版本讲究,来之不易;每本书扉页都盖有朱文"刘宗所藏"四个大篆古文,为自刻印。

刘宗刻印,有如皋派的影响,但主要学吴昌硕,临有较多前人印;中年也学夏丏尊,吸收时派文人的启发。

旅居南通期间,刘宗年岁渐高,他花了二年时间反复推敲、精心构思,常常数易其稿,亦有磨了重刻,日积月累,刻成了《七十二候印谱》一部,题材采用远古科学的物候历,印

刘宗,《七十二候印谱》书影

刘宗,《历代书画名家款录印存》书影

材以方为主，间有圆形或不规则者。印文则大小篆、元朱汉印皆备，不拘一格。如"萍始生"的汉印平正，"獭祭鱼"的纤巧借边，"麦秋生"的古玺造型，也有少量承继如皋派印风。这部印谱印风正，有功力。

《七十二候印谱》完稿时，先生身体欠佳。但他全力以赴投入拓印。用棉连纸、上佳印泥，亲手钤拓，装订成线装古式十多部，分赠好友。

刘宗于新中国成立初期去世，其时他的一些藏品开始散出。20世纪60年代，刘宗的书法、印章、藏石损失较多，《七十二候印谱》原拓本也不存。

1998年逢刘宗诞辰一百周年，刘宗之子大年、昌年四处收集先生的存书和遗稿，包括书法印章原物。值得庆幸的是，马塘书法家、如东书协干部周俊楱在搜索古旧书籍时，找到刘宗手钤原作，交给大年兄弟，因此刘宗印谱得以印刷出版。

至2012年，刘氏兄弟先后出版刘宗著作三种：《七十二候印谱》全册自印本、《历代书画名家款录印存》征编本、《刘宗墨迹印存》江海文丛本，收集了书法、印章和生前著作稿本。

刘宗，《七十二候印谱》内页书影

第三篇 海派篆刻 传承有绪

第一章 异军突起大江东 缶庐嫡传海派人

明清之际的江东大地,从邵潜夫引领和传承雪渔派、徽派印艺,培养了大批篆刻英才,创立了中国篆刻史上较早产生的地域文人印学流派——如皋印派。如皋派的印艺,在南通、如皋发展和繁荣二百余年,影响不断,南通地区因而成为中华大地的"篆刻之乡"之一。

清代后叶,篆刻界许多名家异军突起,江浙沪地区浙派、西泠八家的影响日盛。经济上、商业上,上海成为面向世界的新兴商埠。明清时极度繁盛的内河都会扬州,经济和交通的繁盛不再,受扬州文化影响的文人流派渐渐被后来兴起的流派取代,如皋印派的创作活动也逐渐式微。

18至19世纪,海上画派崛起,接着,海派书法、海派篆刻也逐渐成熟,形成潮流。这一时期,张謇先生(张啬公)1895年在家乡南通倡导"实业救国、教育救国",提出"母

吴昌硕

实业父教育"的主张，南通成为经济、文化、教育在全国有影响的模范城市。1911年之后，吴昌硕寓居上海行艺，成为海上艺坛的领军人物。张謇在大力兴办地方教育、文化事业时，引进许多一流的教育和文化人才，如王国维、欧阳予倩、梅兰芳、陈师曾等；聘请从日本留学归国的陈师曾在通州师范执教；邀请李苦李来翰墨林印书局任职。陈师曾、李苦

海派著作书影

李是吴昌硕的弟子，他们来通，带来海派印学，点燃了南通印坛的星火，从此，海派篆刻在南通星火传承，生生不息。继起的一批地方篆刻家，都承袭陈师曾、李苦李的印学，胎息吴派。陈师曾、李苦李、诸宗元等海派名家寓居南通，这批师生形成在通的海派群体；从南通走出的篆刻家王个簃、丁吉甫，包括个簃先生的门人曹简楼、曹用平等，都是海派衣钵相传的篆刻家。群居南通本土的印人，亲炙法乳，代代繁衍，成为南通的主流印派。

　　陈师曾、李苦李是享有盛名的艺术家、艺术教育家。海派印人在南通的师徒、门第子众多；走出南通，甚至流寓海外的海派艺人也大有人在，海派艺术在南通留下星光熠熠的艺术轨迹。限于资料收集的困难，仅将部分印人以出生年代为序，爰列小传，逐一介绍。

第二章　燕京扶桑传丹青　拜缶染仓朽道人

陈衡恪（师曾）

陈衡恪（1876—1923），近代杰出的书画篆刻家、美术教育家。江西义宁县（修水）人。字师曾，号槐堂、朽道人，道子、朽者，馆号唐石簃、安阳石室，他崇拜吴仓硕，所以将室馆称染仓室。

陈师曾生于江西望族世家，祖父陈宝箴，任清兵部侍郎；父陈三立，为吏部主事，清末著名大诗人，人称散原老人。三立先生有五子三女，长子陈衡恪；三子陈寅恪，为著名历史学家，中山大学教授、中央文史馆副馆长。师曾祖籍江西，家中因涉嫌参与戊戌变法而受迫害，举家迁居南京。六岁时，随祖母乘轿游西湖，见荷花盛开，就在轿板上以手指画荷，归家后找来纸笔，即开始学画，以写生为自学手段。

《散原文集》载："衡恪七至十岁，能作擘窠书，间作丹青。缀小文断句，余父蜇以夸示宾客，忘其为溺爱也。"可知陈幼承家学，从小聪慧，并曾随尹和白学画。师曾26岁赴沪读法国教会学校，翌年携带弟弟寅恪留学日本，1903年初入弘文书院，后入高等师范学博物学，历时八载。1910年（宣统二年）回国后，应张謇之请在南通师范任教，在南通生活三年。那时，与吴昌硕多有金石书画交往。后来去北京，任教育部编审，师范大学、美专教授。他赁居西城，庭中有一老槐，因名其书斋为"槐堂"。经常与姚华、金拱北、王云、鲁迅、齐白石诸友往来，切磋艺文；1922年，与金拱北赴日本办画展，誉满东瀛。

陈师曾，译《中国文人画之研究》书影

《陈师曾印谱》书影

其篆刻，初以黄易、奚冈、赵之谦入手，后转师吴昌硕。刻印拙中见巧，更撷取古汉凿印之风，平稳质朴，独具神采。姚华评论说："师曾印学道源于吴缶翁，泛滥于汉铜，旁求于鼎彝，纵横于砖瓦陶文，盖近代印人之最博者。又不张门户，不自矜秘。"友人见师曾刻印时，用刀如握拳，锋刃向鼻子方向，下刀如蚕食桑叶之声音，瑟瑟作响，有节奏而运刀神速。

总而言之，师曾篆刻熔秦铸汉，古雅纯朴，无霸悍之气，善于运腕恣肆，极雄遒之致，隽者能凌驾缶庐之上。书法胎息秦汉，上溯金文，下及汉魏，善篆隶魏真行诸体，笔力苍劲，丰神秀逸。山水画得神于沈周、石涛、石溪、蓝瑛。曾刻"五石堂"一印，意指山水师法石田、石天、石涛、石溪、石庞。其

陈师曾，《画梅》

作花卉则取法陈淳、徐渭、华喦、李复堂,挺拔秀逸。人物写生佛像亦精绝,有金农、罗聘神韵。

在北京教育界,陈师曾以治学严谨、待人敦厚而多享盛誉。他与鲁迅、乔大壮在教育部同事,鲁迅赞师曾:"才华蓬勃,笔简意饶。"师曾先后为鲁迅刻制"会稽周氏""俟堂""周树所藏"等六方印,包括姓名印和笔名印。

陈师曾与许多书画家交往且关系密切,影响最深者为齐白石。《白石老人自传》一书有较多篇幅记述他俩的交往,坦述陈师曾如何帮助他在北京书画圈立足,帮助他提高画艺。齐白石1917年到北京,即与陈相识。齐在琉璃厂卖画刻印,师曾特地到他的住地法源寺,看他刻印、看他画画。陈师曾善画大写意花卉,用笔矫纵,气魄雄伟,在京城很易出售。齐白石初到北京,卖画卖印,少有人问津,因与陈相商,陈劝他自创风格,不必求世俗凡眼的需要;能创出独立风格,画作水平提高了,自有识贤的慧眼光顾。齐白石听从了他。陈师曾给齐题诗:"画吾自画自合古,何必低首求同群。"陈看到齐的画有功力有传统,但不适合当时社会,不能与时俱进。齐白石追求八大的冷逸,亦不为圈中人认可。师曾劝其衰年变法,将画法变通,又能自出新意。齐白石听了甚以为然,自创红花墨叶派技法;原画工笔梅花费力又缺生气,齐又改变画法,果然取得极佳效果。其后齐白石的画在京城逐渐被接受。起先,齐的画赏识者少,反对之声占上风;陈将齐的画带往日本办画展,轰动中外,二人之画均售卖一空;法国人买了他二人的画;之后外国人来北京,总会买陈齐二人的画,于是当地人也找上门来向齐白石购画。齐白石说:"这都是师曾提拔我的一番厚意,我是永远忘不了他的。"(《白石老人自传》第71、72页)二人经常交流经验,甚至互相评画,互提修改意见。白石说:"君无我不进,我无君则退。"

陈师曾为京城不少名流治印，如熊希龄、梁启超、乔大壮、鲁迅、梅兰芳、寿石工、姚华等。从陈师曾印谱中，可知他与京城学术界、书画界交往之深，印名之盛。

鲁迅与陈师曾早年同在南京水师学堂读书，成为同窗之友；其后又同在日本留学，交谊益深。陈归国后曾与鲁迅同在教育部任职，成为同僚。《鲁迅日记》记载二人的多种交往之事。鲁迅与其弟周作人出版第一本翻译小说《域外小说集》，书名的大篆字即为陈师曾题写。这部书因印数少又存世稀少，因而在藏书界身价百倍，其中陈师曾的题字也为这本书增添了含金量。

陈师曾的婚姻极为不幸：结发之妻是南通大儒范肯堂（伯子）之女范孝娥。范肯堂是同光派大诗人、文字学家、书法家，是张裕钊的四大弟子之一。因此，孝娥贤惠有才，然而婚后四年，夫人病故。接着，陈师曾续弦汪太史汪荃台之女，吴县名人汪东之姐汪春绮，这位名门闺秀旁通诗词、善绣艺、画梅有逸致。婚后二人志趣相投，伉俪情深，两人畅享六年闺房之乐，1913年汪氏亦患疾作古。嗣后，娶长沙黄国巽为妻。陈师曾因婚姻与范、汪两家的学识交往和艺术收获，非常人所可得遇。陈师曾因此与南通结下了不解的姻缘与艺缘。

1923年入夏，陈师曾自京赴金陵省望其继母俞夫人，未料母忽然去世。师曾料理继母一切后事，奔波操劳，不幸染上痢疾，是年农历八月初七日，卒于南京，年仅48岁。越年，安葬于杭州西湖坊山。梁启超对陈师曾去世深感痛惜，称："中国文化界的大地震。"

陈师曾去世，缶老极悲伤，感伤之际，亲题《朽者不朽》以志祭。画友李苦李专门刻"木头老子"一印以纪念他们的印缘。苦李在边款中写道："（师曾）治印后余十五年，其所成就，几与缶翁方笃，而余有望尘莫及之叹，刻此志愧。"孙洵《民国篆刻艺术》评价:"吴派风行南北……然能传缶翁衣钵而发新声音,非君莫属。"齐白石说:"吾友师曾,篆刻之道师缶庐,惟朱文之拙能肖其神,自谓学缶庐稍得之,故以染仓铭其室……戊午以前师缶庐作,以后之刀法篆势渐远缶庐,苍劲超雅,远胜汉之铸铁,亦非前代之削做。"这般话证实了师曾学海派,又不断超越而追求新境界。

　　陈师曾去世的第二年(1924),姚华、张恬集遗印成《染仓室印存》八卷,此书1988年荣宝斋出版时改名《陈师曾印谱》;弟子王友石录其平时论印之说编成《槐堂论印浅说》;门人俞剑华收集诗文和友朋挽联挽词"朽画赋"等编成《不朽录》。陈师曾的著作还有《中国绘画史》《中国文人画之研究》《陈师曾画选》《陈师曾先生遗墨》《槐堂诗钞》等。

陈师曾,篆刻　　　　　陈师曾,篆书

第三章　筚路蓝缕聚西园　华翰铁笔忆苦李

李苦李

李祯（1877—1929），近代书画篆刻家，祖籍浙江绍兴，中年以后定居江苏南通；字筱湖、晓芙，号苦李，曾号西园病客、六枳亭长。

浙江绍兴古城，是一个人才频出的城市，近百年来出了许多著名的书画篆刻家，李苦李是其中一位。

苦李的父亲镜湖先生客居江西南昌西园，娶江西媳妇，定居江西南昌。苦李13岁时，父亲去世，家庭陷入贫困境地。过去多曾受到李父恩惠的私塾老师，因苦李家里端午节未能送银子交学费，突然翻脸，大声斥责苦李，说你家到中秋还不能交学费来，你不要再来上学了。从此苦李不再去书坊读书。但他没有因此沉沦，反而更加发愤读书自学。

赵之谦晚年游宦于南昌，苦李之父镜湖先生拜赵之谦为师，学习金石书画，所以苦李也喜欢书画篆刻。父名镜湖，苦李自称筱湖，在南昌一方面以课童为生，一方面自学书画，并且能为扇铺画扇，所得的钱用来养母亲和弟妹，供家庭开支。他经常向地方收藏家借阅图书，许多朋友在藏书家那里饮酒作乐，他从不掺和赌博喝酒猜拳，只专心在藏书家的书房找书阅读，让自己的学识和绘画技巧快速进步。

青年李祯，接受天津、上海报馆的聘任，为驻南昌访事，收入开始稍有增加。然而天有不测风云，不久母亲患病，虽经苦李尽心尽力求医问药，为母治病，但母亲终因病重去世。他拿出自己挣得的钱料理了母亲的丧事，将母亲合葬于父之墓地；嗣后，他又先后安排为三个妹妹找得婆家，陆续办了三个妹妹的婚嫁。他的能力，他的努力，使事业和家务都做得好有眉目。19岁之后，李苦李在南昌颇有名气，南昌地方官吏也邀请他去任职。

1904年甲辰，好友诸宗元跟李苦李商议，邀请他去南通翰墨林工作；苦李想，南通是一座文化教育事业比较发达的城市，印书局是为了推动教育和文化而设置的，让我去印书局工作，有职务收入又可以有机会看书；而且去南通从事编辑工作，又可与诸宗元等文友天天见面，共同研究学问，所以他同意此事。及至到了南通，方知翰墨林印书局尚处草创阶段，所需编辑人员有限，因苦李先生之前做过管理钱谷账务的事，让李苦李担任会计工作。既来之则安之，苦李心想，虽没有能做到编辑，但远道来到南通，还是暂且留下吧。谁想这一留，苦李先生把他的一生及艺术成就、事业成就全部奉献给了南通。

1907年，苦李娶南京江宁某官员的次女张雪晴为妻，携妻居住南通城南，从此定居下来，成为南通的海派主要代表人物。诸宗元在南通任职的时间不长，诸离任后，由李苦李任翰墨林印书局经理。

李苦李在翰墨林虽然有职务，但具体店务有手下人去做。因之，他的寓所西园成为南通城内诗文书画名流经常聚会交往的去处。一时间，各界名流如诸宗元、陈师曾、徐亦轩、曹君觉、陈崿西、葛竹溪、张峡亭诸公，还有韩国名人、流亡南通的金泽荣，都是西园的座上客。

苦李绘画，初师赵之谦，后来旅居上海，经诸宗元引见，拜吴昌硕为师；1917年丁巳夏日，苦李初入吴昌硕门，以篆刻作品呈教，吴昌硕仔细阅读，并于题字，题语有："白文佳处，已能达到；朱文宜加努力。""刻印只求平实，不必纤巧，巧则去古远矣。"获得名师指导，苦李治印之艺日进，努力以朴茂浑厚、古雅沉雄为宗尚。20世纪60年代，他的书画篆刻精品在南通博物苑展出，好评如潮，大获成功。得此喜讯之激励，家人整理展品，打包装箱，计划赴省城南京公展，以汇报和交流，不料"文化大革命"爆发，先生呕心沥血创作的书画印章精品，集有几大箱，被红卫兵付之一炬，损失殆尽，打击沉重。所幸篆刻尚存一些原作原石以及历年积累的拓本，可谓劫后余生，"漏网之鱼"也。

李苦李的画，早期学习工笔，能山水、人物、花卉；后师承徐渭、赵之谦、扬州八怪。"尤擅画松，虬枝苍干，状屈曲若腾，间以怪石，崭然崚嶒。""……又精篆刻，锲金刓石，运刀神动。""其所度拟，不斤斤于规，而能朴茂入古。"这些是徐亦轩对苦李金石书画的评价。

苦李的书法，与画一样，经日积月累，笔力雄强。楷书临钟繇、王羲之，行书学颜鲁公；为了提高篆刻艺术，他着力临习篆书，曾临"峄山碑"数百遍。另外，以杨沂孙《说文解字叙》帖为日课，苦练篆文，积存临写本数十册。

吴昌硕，为李苦李书画作介绍启

苦李不惑之年投奔吴昌硕，师生情谊甚笃。苦李常有印作寄沪，缶老认真修改、圈评。《西泠艺丛》总第七期、南通博物苑编印《苦李艺萃》，这两本书都收集了苦李的一批印章，同时全文影印了吴缶庐为苦李批改的印章。

总结苦李的一生，大部分光阴在南通度过，无论事业、生活、艺术，都贯穿着"艰难困苦，玉汝于成"。

曹文麟在《李苦李行状》中有详细记载：苦李自入翰墨林任会计、经理，月俸不多。当时南通市面物价高涨，李苦李家口众多，加

李苦李，《琴鹤图》

上先生好客，因此常常入不敷出，捉襟见肘。有一年间曾要求辞职，上面从这事才知道李苦李办事认真，物价涨，自己薪俸却不涨，自然日子过不下去。因而给他从十多元加至五十元，但苦李为人耿介，凡请假必自觉扣工资，处处以身作则。这样，涨了一些工资，加上自己卖字画作品，勉强维持在通的工作和生计。这个情况后来被老师吴昌硕知道了，深为同情，强调要为他解决困难，介绍他到上海去讲学。如照吴昌硕的安排，苦李去沪就职，收入丰厚，与在通不可同日而语。如果到了上海，生活安定，物质丰富，更能接近缶老和大量海上名流，对自身的艺术发展无疑是一大跃进，机不可失。权衡得失，曹氏在文中这样说："而君笃于谊不舍南通，谢不往。"苦李视南通为第二故乡，对南通的人和山山水水，都有了深厚感情，毅然谢辞老师的安排，未去沪。

黄稚松先生当年指着一大盒苦李自用印章对笔者说：苦李先生的印没有（名贵）好石料，都是用普通印石。这一盒都是清一色的青田石。这有两个解释，一是古人不用名贵石刻印，认为石名贵多留石，印文会被后人磨失；二是从一个侧面可想见苦李经济情况，难以花费买好石，别人来石求刻例外。

无论诸宗元，以及后继的李苦李，经营翰墨林都面临资金短缺、经营艰难。但是，苦李与同事们十分努力，筚路蓝缕，身体力行，开拓整顿，十数年苦心经营，使书局在南通地方乃至全国，都颇有好影响。翰墨林在当时的中国，机械精良，印刷发行书籍报刊种类繁多，张謇、金沧江、徐益修诸大家的作品，均出自翰墨林。翰墨林富有制版、印刷、出版发行的功能，时至今日，在收藏、研究版本诸领域，在拍卖会和旧书市场，凡翰墨林当年出版的印刷物，都深受研究专家、收藏家的追捧，乃为事实。翰墨林也经售沪各大书局的书籍。

李苦李的篆刻，对于早期海派，对于篆刻之乡的江苏南通，都是一笔不菲的遗产。遗憾的是，苦李生前一心扑在翰墨林出版事业上，没有为个人的书画印整理出版，也可见苦李为事业不为个人的高洁情操。

2003年，为纪念南通博物苑建苑一百周年，博物苑组织人力编印一批文献资料，其中编印《苦李艺萃》为一项重要工作。《艺萃》收集苦李书画篆刻作品较多，内部发行，算是对苦李金石书画艺术抢救性的整理保存，此项工作也发动了苦李子女家属和相关收藏人士。

20世纪80年代初，《西泠艺丛》专辑首次刊登李苦李篆刻九十六方之数。其中，"枯肠芒角"有石鼓笔意，以草法行笔，气势恢宏，方圆得体，有吴派意；"张恩私印"汉白风味，亦有石鼓的圆转和虚实调剂；自用印朱文"李祯"，边饰拟封泥,残破自然,二字扭曲汲入金文体势,有幽默动势;"六枳亭长"的古朴,"宋禹"的汉味,"李"的倚侧,"山阴李祯章"的虚灵,无不透出苦李治印的大家风度。《苦李艺萃》有一方"吃苦辞甘"印,长方白文,布白疏朗,线条有意横画加粗,承袭明清如皋派风韵,虽偶尔为之,也是学习前人的一种情愫。

十年浩劫一场灾难,李苦李书画作品多有散失,流落民间的不易挖掘,甚或有好事者用赝品牟利。唯篆刻一项,虽多流散,幸赖先生自存拓印本。先生刚去世时,门弟子以王个簃、黄稚松出面,开始联系有关人士和子女,商讨尽快编印出版印谱的事宜。王个簃、沙孟海二先生曾找苦李子女李其通、李愉、李怡,女婿黄稚松,商议具体方法。大家决定由王个簃、沙孟海、黄稚松三人会同编选,翁原协助钤拓。此时,抗日战争突然爆发,编印之事被迫中断。1965年,人们

贞虫　　　　孟梅之印　　　　大至　　　　张督私印

李苦李,刻印、国画

又重新提议辑印印谱之事，自用印拟用原章钤拓，其余用锌版复制，个簃先生已撰好前言，正准备拓墨钤朱，做成原拓本。但不意"文化大革命"开始，动乱突至，一切办不成了。后来，许多原石多遭毁失，十分令人痛心。"文革"结束后，关于印制苦李印谱之事，王个簃先生再次做努力，他与南京的苦李学生丁吉甫联系，丁提供了在向苦李学习时拓印成册的印谱。1982年，恢复正常工作的西泠印社，派出编辑部的李伏雨、郁重今两位编辑，其中郁是南通海门人，他们找到南通市文化局旗下的创作办公室（当时因"文革"运动市文联撤销，创作和社会活动由创作办公室取代），商谈出版李祯印谱事宜。通过组织的安排，李、郁二人找到李巽仪、黄稚松夫妇，向他们征集了苦李印章实物数十枚，由王个簃、丁吉甫等向编辑部提供了印拓。经过筛选，劫后余生的苦李印拓有近百方。个簃先生力争出版一册套红印刷单行本，但按当时情况，西泠印社编辑部尚属建立早期阶段，暂不能出单行本，而且所收集的印拓量太少，只好在社刊《西泠艺丛》搞个专辑。西泠印社很慎重，实物印都带回杭州专人拓印，没有边款的印均不采用。《西泠艺丛》第七辑于1983年9月出版，事前，笔者在第一时间代表市书协筹备组，向编辑部订购了一百本，分配给南通市篆刻作者。事后，创作办公室张省锟委派笔者专程去西泠印社编辑部取回他们征用的苦李印章一大盒，并归还黄稚松先生，笔者也借此拓印了一份珍藏。

　　李苦李生于南昌西园，居于翰墨林西园，逝于上海西园寺，岂非宿缘？苦李先生有二子三女，男其通、其达，女巽仪、敬仪、淑仪；长女愉，字巽仪，能绘画，擅刺绣，为沈寿入室弟子；次女怡，字敬怡，许给江苏省教育厅长吴天石；长婿黄稚松，擅诗文刻印，印传承缶庐、苦李印风。

第四章　还砚楼客无白丁　霜荼阁座有鸿儒

王个簃

王个簃（1897—1988），当代著名书画篆刻家，西泠印社副社长。海派艺术的传承人。江苏海门上三兴镇人。名贤，字启之，号个簃，馆号霜荼阁、献颂楼、还砚楼、千岁之堂、待鸿楼、见远楼、劳劳亭等。

抗战时，个翁长子公助辗转去重庆，个老希望儿子常来信报平安，室名取待鸿。新中国成立初，友人为个簃寻得吴昌硕"还砚堂"大印，先生高兴之极，书房命名"还砚楼"；将此印盖在自己得意的作品上，晚岁常以"还砚楼"斋名署于书画题款上，以表达对老师吴昌硕的怀念。

王个簃5岁丧父，靠慈母抚养成人，幼好文艺，攻书画，毕业于江苏省立第七中学（今南通中学）。初入社会，在城北高等小学任教（今市实验小学），后来由母校聘任，主讲国文，并且在校成立"江苏省立第七中学校篆刻会"。当年，李苦李任职翰墨林后，常常有字画送至裱画铺，青年王个簃看后非常仰慕，因此带着习作去拜访，在翰墨林苦李热情接待他；自此，王个簃在教课之余，常去翰墨林西园，聆听苦李先生对书画和治印的指教，师生间十分融洽，个簃于金石书画之艺也因此大为进步。在翰墨林，王个簃还得到陈师曾的指点。其时，陈师曾自京南归，来通为岳母范姚夫人贺寿。王个簃带了印章作品和"个簃印恉"的文稿请求予以教诲，陈师曾关爱青年后学，对个簃的刻印和著述有所赞扬，并为其著作题写书名，后来这本书印制单行本，书名为陈师曾题，

第三篇　海派篆刻　传承有绪

扉页为诸宗元题。

年轻时的王个簃在南通任教，努力学习书画，同时善于作诗，西园是南通文人画家雅集的好去处，加之苦李好客，王个簃融入其艺术圈，与之论艺和诗者，有陈邦怀、陈峙西、刘子美、张孝钦、葛竹溪、钱啸秋等。在苦李指导下，王个簃刻印上追秦汉，作画临摹宋、元、明、清花卉画本，并学习古琴。翰墨林主事诸宗元是著名诗人，他欣赏王个簃之才，将个簃印章拓片代转给住在上海的吴昌硕，吴阅后很高兴，认为这位青年才俊有前途，将带去的印拓逐字逐印详加批阅、圈点，或鼓励，或指谬，个簃如同面授，得益匪浅。

吴昌硕八十寿庆时，李苦李携王个簃赴沪祝寿，受到吴昌硕接待。回通后，张謇对他说："我听到你刻的印章得到吴昌硕先生赞许，真不简单。我希望你跟昌硕先生学下去，你应该走这条路。"张謇先生的鼓励，更坚定了他向吴昌硕拜师学艺的决心；此时，他向学校辞去工作，借了一笔钱，

《个簃印集》书影

《个簃印恉》书影

去了上海。在那里有机会常常去吴宅向老师请教,学到不少东西。但是,在沪没有工作,靠借贷度日,有时"拆东天补西天",还要想办法寄一些钱给海门老家,真是捉襟见肘。后来,好友刘玉庵出面帮助他,介绍个簃当了昌硕老人的孙子吴志源的家庭教师。这时,生活有了着落,志源父亲吴东迈待他很好,更有机会天天与缶老见面,王个簃的金石书画技艺有了长足的进步,与吴昌硕的师生情谊日益深厚,王个簃成了吴昌硕先生晚年的得意门生和助手。

王个簃跟随吴昌硕前后五年,直至昌老逝世。吴昌硕精于石鼓文书法,因之,王个簃亦于金文、猎碣、石鼓着力尤甚。石鼓文的功夫施于印章,加之驱刀雄健磊落,不事雕饰,印风浑穆古拙。个老篆刻,固有师法传授,但不囿于成法,能游刃从容。昌硕先生曾题词劝勉:"食金石力,养草木心。"个老朱文印"粗头乱服"乃代表作,篆意章法,苦心经营,用刀看似率意,实为质朴自然;界格式的朱文,调剂了画面的动静节奏。20世纪70年代,个老在淮海路寓所赠笔者一幅"推陈出新"的书法,体现老师食古而又努力创新的艺术观。在教导笔者时,谈及刻印有一个飞跃的过程,就是所

王个簃,刻印

制印不怕非鹿非马的形象。还赞扬笔者的边饰十分似吴派，对年轻人爱护褒奖有加。先生晚岁臂力甚强，数方巨印，炉火纯青，臻入化境。白文"鹰击长空"，八十岁作，字势上紧下松，飞流直下，刀口硬切重顿，边饰稍凿，自然斑驳，有苍雄沉浑之势。老师晚岁较少奏刀，然而金石气场不减当年，宝刀未老，令人佩服。83岁所制四方巨印，文曰："百岁进军""追求六法""献身四化""前程似锦"；个先生曾自谓："我83岁那年所刻'献身四化'等四巨印，力求达到铺排空阔、流畅自然的境界。"这四方印，是粗头乱服风格的升华；朴实华滋，天然不雕，晚年之印，耐人寻味，突破自我。

个簃先生当年赴翰墨林认识了李苦李先生，也结识了苦李的学生陈曙亭，个簃先生视陈为同门师兄。曙亭先生善诗书画印，在翰墨林谋职，个簃访苦李先生，必要经过陈先生工作室，久之他们成为书画知己。王个簃回忆，他去上海任职后，与陈保持着友谊和通讯。他去苏州观光，慕名专程去访印光大法师，法师闭关不轻易见客，小僧徒不便通报。此时，陈曙亭恰在灵岩山印光的弘化社佛经流通社任事，曙亭得知个翁来苏甚喜，陪他去见了印光法师。我之得以亲炙个翁法乳，也是曙亭先生、用平先生极力引见之厚意盛情，我一生铭感于心，因系曙老的门生，个老自然对我另眼相待。

新中国成立之后，王个簃先生受命与多位沪上名流筹办上海中国画院，建院后担任领导职务，事业和艺术都进入高峰。他得知师兄陈曙亭子女多，收入微薄，工作有周折，生活陷入窘境，于是去信陈曙亭，愿意帮助他在画院谋一职务。足见王个簃先生重感情，交朴实，乐助人。个簃先生与陈师曾、齐白石、王一亭、徐悲鸿等大师都有艺术交往，并数度出访日本，与日本篆刻家梅舒适等结下深情厚谊。

王个簃曾任新华艺术大学、昌明艺专、上海美专教授。1960年任上海中国画院常务副院长；后来历任上海美术家协会副主席，1979年12月当选西泠印社副社长，所带学生数十人，分布海内外，包括日本。

　　为了纪念王个簃先生为祖国书画艺术做出的突出贡献，珍藏王个簃先生的艺术作品、艺术文献及王个老生前收藏的古今名家书画，南通市人民政府斥资建立个簃艺术馆，于1989年10月5日建成开馆，这是对王个簃艺术成就的肯定和对其艺术遗产的保护。由上海名画家方增先绘制的王个簃

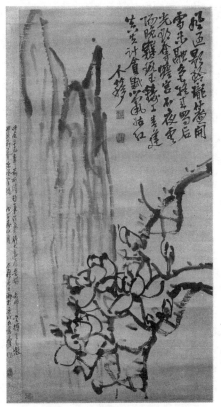

王个簃，《玉兰图》

王个簃，石鼓书法联

线描肖像，由个簃先生诸门生为其刻石，保存于南通狼山葵竹山房，供公众瞻仰。

王个簃先生有多位子女，长子豫，字公助，能绘事；长孙王葵，任职苏州，亦善绘画，均传个簃先生衣钵。

王个簃著作丰富，有《王个簃画集》《个簃印集》《个簃印恉》《王个簃随想录》《王个簃霜荼阁诗》《王个簃书法选集》《个簃画集》《霜荼阁诗——王个簃诗稿全集》等数十种，还有多种外文版画册出版。

第五章　文化世家有庭训　尤氏昆仲擅铁笔

南通尤氏是一个大家族，目前在南通市区至少有五大房后裔，人口众多，不乏精英。近代出现了多位科学家和艺术家，他们在各自的领域成绩斐然。其中，尤其伟、尤其侃、尤其彬三兄弟，或专业或业余，均享誉于金石书画领域，是南通近代书画界，昆仲联袂、声名雀著的特例之一。

尤其伟

尤其伟（1899—1968），中国近代昆虫学奠基人之一。书画篆刻家、砚刻家。江苏南通人，字逸农、一农，别号心竹、秋槎客，馆号古素室、二竹轩，亦常谦称垦荒牛、田舍翁。

1899年农历二月十一，尤其伟生于南通市一个书香之家，父尤金镛，字亚笙，早年就读于南菁书院，精词学，一生从教。尤其伟自幼得到良好的教育和诗文国学熏陶。

1919年夏，尤其伟从通州师范毕业，翌年考入南京高等师范农业专修科，开始了一生钻研昆虫学的科学生涯。民国年间，他先后任国立东南大学助教，中央大学讲师，广东中山大学副教授、指导教授，南通学院教授等职。

新中国成立后，尤先生任南通学院临时院务委员会主任委员、南通市一至四届人民代表大会代表。院系调整后，赴扬州筹建苏北农学院。1952年8月，中央调他到广东组建华南热带林业科学研究所，后来任华南热带作物学院教授。

1934年南通学院学生成立"昆虫趣味会"，这是中国最早的"昆虫学"学术社团之一，是尤先生指导建立，嗣后会员发展到江、浙、赣、闽、台诸省。

尤其伟在科学领域的成绩和贡献显著，一生勤奋著述，教学科研硕果累累，著有16部著作，发表300多篇论文，其中《虫学大纲》是中国首部系统的昆虫学论著，至今仍为大学农科学生的重要参考书目。

他在金石书画领域同样留下许多艺术珍品。先生幼承家族"格物致知，守文游艺"之庭训，通师毕业，图画手工成绩最佳，能镂空浮雕牡丹镜框，校长张謇将其作品留下珍藏。

他购买碑帖画册，收集钟鼎彝器、古镜古钱等参考书，

秋槎客小像砚

尤其伟，刻印

研究金石考据和古文字。刻印出入秦汉，功力扎实，笔力和刀力超人。白文方印"真手不坏"，巧用繁简笔画将四字对角呼应，将"手、不"二字变小，线条匀称，方中带圆，行刀爽利挺劲。另一方"真手不坏"别出心裁地用朱白相间布局，黄金分割，以满白和铁线篆相互交叉，疏朗、停匀，使外人欣赏时朱白难辨，略作碎边又增添了佳趣。自用印"南通尤氏"，汉白法古朴而屈曲，深谙缪篆造型。其他如"小结绿楼""十砚庐""劫后余生"多为白文架构，匀称、严谨，平整中突显笔力。先生的印，以小见大，气象万千。

尤其伟擅长金石书法，夫人曹沄在回忆中称其善作"金石体"。南通《书法探索》报上曾介绍尤先生1936年（38岁）所书小楷册页，内容似谈治虫兼及评友朋书法，有行有列，章法疏朗，行笔楷夹行书，捺画、竖画多有夸张，功力甚为老到。

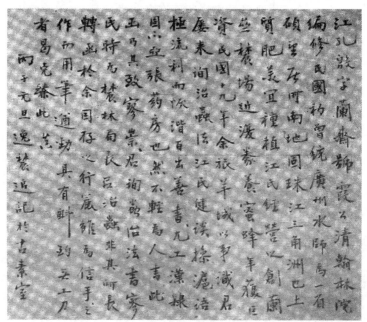

尤其伟，小楷

尤其伟教学、科研工作繁忙,然艺术余事依然颇富成就,金石书画运毫、字画鉴赏庋藏、集邮博览中外,以上种种,都有规模都有成就,更有砚刻的艺精堪比高凤翰。民国时期,他常去通城的裱画店看画买画。那个时期的裱画店,是文人和书画家、收藏家热衷问津闲逛的场所,在那儿可遇到想见的画友,在那儿可以有机会买到心仪的名人字画。渐渐地,他与裱画师邹鹤林等成了好友。他常常去邹的裱画店,在那儿,常碰到喜爱藏书画又能交流收藏心得的卢心竹、卜秋鸿等画友。抗战前夕,尤其伟曾利用学校假期由邹鹤林相陪去如皋白蒲乡间觅宝。邹鹤林人称"老虎",裱画手艺好,在通城与书画界人士相当熟稔,对旧画的收和售的消息甚为灵通。时值年末,如皋为文化古城,破败的旧家会有后人将祖上遗物书画古董拿出来换钱,以度年关。那次出行尤其伟购得多幅扬州八怪如李复堂、黄慎等人的精品。

尤其伟的刻砚缘于一个偶然的机会,他在冷摊获得南阜老人高凤翰《砚史》木刻本,喜而观赏,深得启发,将书画和刻印知识用在砚刻上,自学成才,由此一发而不可收。他日积月累,不断摸索和总结刻砚经验。日常寻找和选择砚材,锻炼眼力,因材奏刀,或平刻,或浮雕立体,字画相配,匠心独运,精品迭出。当时笔者的姑丈胡朴哉在南通学院图书室任职,姑丈曾在上海商务印书馆工作,也喜欢书画刻印和文墨,此时与尤其伟同事,宿舍也相邻,同时又是画友,晚间常听到尤先生聚神雕琢砚品,刀的节律和槌声不断,埋头创作,

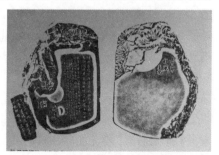

尤其伟,刻 尤无曲,画 松月砚

了无倦意。先生于艺术，常常公诸同好共享艺趣，刻砚往往随刻随赠，亲朋好友得其瑰宝，笔者姑丈自然也为获得砚艺而欣喜。砚石上配刻山山水水，常与胞弟尤无曲斟酌，有时一画一刻珠联璧合；刻瓜果蔬菜草虫之属，则与潘君诺共同构思，总要深思熟虑定稿后，才毅然下刀，创作十分严谨。尤先生的夫人曹沄回忆，有一次去亲戚家作客，在凉亭前的地面发现紫红石块，辨识

尤其伟，著《砚史补》书影

为砚石之材，便以其他石块替换铺补，如获至宝地将石块带回家。他雕砚，从开料制坯做起，从一方砚石到做得成品，所费功夫时日可想而知。

　　抗战时南通沦陷，先生随南通学院农科迁沪，他和陈半丁、严惠宇、秦曼卿、吴仲坰诸艺术家都有交往，眼界大开。并由潘君诺介绍，结识了王个簃、黄蔼农、郑午昌诸先生。他们对尤的砚刻、篆刻都十分欣赏和赞许，大家乐意在他的作品和著作中题词作画。他能自制刻砚工具，对造型、技法都别出心裁。1990年，通州艺苑印制他的著作《砚史补》，黄蔼农题书名，尤无曲写跋，书中包括他的砚刻作品拓片、总结制砚心得，分"古素室砚话"和"刻砚经验谈"两部分。

　　尤其侃（1910—2006），近代著名书画篆刻家、盆景艺术家。江苏南通人。字无曲，号陶风、钝翁、钝老人，室号古素室、后素斋、光朗堂。

尤其侃（无曲）

尤家共有老五房，尤无曲属尤家老大房，他排行老三，尤其伟为其长兄，其父尤金镛，任南通女师教师，兼翰墨林编辑。尤无曲自幼在"守文游艺"的祖训及父兄的文化熏陶下，于书画印产生兴趣。5岁就喜爱涂鸦，6岁跟随舅父顾桓托习画。1929年8月考入上海美术专门学校，老师有黄宾虹、郑午昌。其时与潘然、杜小甫交友。这一年，郑午昌等人组织"蜜蜂画社"；1930年，尤无曲以艺友优秀学生资格加入"蜜蜂画社"，每年参加社友作品展和学术研讨。在校里，他学到黄宾虹用笔、设色方法。他与同学杜小甫、潘然、顾永恺、黄幼松结社，取名"思微妙室"，常常雅集作画，杜为尤画像、尤为顾作"顾子骑驴图"，大家互相作画或合作绘画，尤无曲常常得到学长杜小甫的指教。1931年。尤无曲从中国艺术专科学校毕业，居家读书作画，常常跑博物苑、裱画店，观摩好的国画作品，还从收藏名画的许多南通收藏家那里借名人真迹临摹。1934年，尤无曲长兄尤其伟率南通学院农科学生赴西湖、四明、奉化采集昆虫标本，其侃随赴各地写生，晚间在住地作画。

1938年南通沦陷，尤其伟任教的南通学院迁沪，无曲同往。南通学院校董严惠宇好书画，其伟将无曲介绍给严，通过严，认识沪上汤定之、秦曼卿、黄蔼农。在沪结识了王个簃、费范九，并与当时在美专求学的丁吉甫有交往。甲戌三月，尤、丁与李素伯合作山水。

陈半丁与严惠宇为结拜兄弟，经严推荐，尤拜在陈半丁门下，在京三年向陈学山水花卉篆刻，艺事大进。经老师陈半丁出资,"尤无曲画展"1941年11月在中山公园展出。1942年起尤在严惠宇云起楼经常雅会,尤无曲、刘伯年、潘君诺沪上誉称"云起楼三客"。

1952年尤无曲回通,照料年迈老父,开始了长期隐逸沉潜的生涯,在南通医学院从事绘制人体解剖挂图。成为业余画家。

1978年南通书法国画院成立,尤被聘为画师。在文武巷老宅的后素斋,他从事书画创作、培植盆景。20世纪80至90年代,改革开放大潮使美术

尤无曲,山水画

界许多画人作画出售,积聚文化经费。我有一次去文武巷拜访老人,尤老说:"我们画画的人一心放在研究画艺上,有薪水不担心生存,也不急于卖画取银子。不宜把金钱与画画挂钩,'守文游艺'不能本末倒置。"

80年代我参与筹备尤老画展,1987年1月1日画展开幕,我乘画室无人时,向尤老提出求画的要求,尤老笑着说,你不开口这事,我也准备画一张送给你。当年画院领导率同仁至尤府慰问,祝贺尤老九十寿庆。事后,老人认真绘作了一批不老松,步行至画院送画,画院同仁人手一幅,足见先生淳厚仁义。老人常说,要多出精品而不是商品,一门心思想法子卖钱不是艺术家的"门儿经"。

80年代初我参与筹建南通书协,主持篆刻组,主编《紫琅印选》,我知尤老曾师从陈半丁,为海派传人、南通篆刻界的前辈,他的治印是为画名所掩。我将编印方案和要求专

《尤无曲印谱》书影　　　　尤其伟、尤无曲，合作《竹楼砚》

程请教尤老,他看了之后,提出了几点：一、不必提顾问,我会关心和帮助你们；二、建议宣纸拓印,用好印泥,做成手拓本；三、选用印要能代表当前南通篆刻水平,兼顾普及和提高。说着,尤老从里屋找出数方闲章,包括"可中庭""碧云簃""江山如此多娇"等数种,用宣纸仔细包好,对我说："小王,你把我这些章拿回去慢慢拓印,力求精拓,编印。什么时候拓好了,再还给我。"

这份编有尤无曲先生印章的《紫琅印选》创刊号,我曾寄给西泠印社李伏雨编辑。李老师把这本小刊拿到杭州篆刻研究会理事会上让大家看,说南通作者的水平蛮高,小王在小城市努力编刊,普及篆刻。我们杭州篆刻研究会也完全有条件编一份刊物。这件事促进了杭州印友编成《杭州篆刻》。不久李伏雨老师托周文清寄来《杭州篆刻》,那份期刊连续出版多期,周文清秘书长与我保持着长期通讯,常寄会刊资料给我。

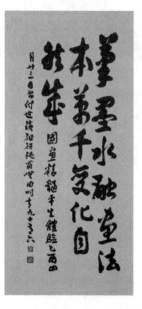

尤无曲,书法、刻印

　　尤无曲年轻时喜欢刻印,把刻印作为从事金石书画必需全面修炼的课程之一。刻印最初的启蒙师是长兄尤其伟。逸农先生金石书画传承赵之谦,所以刻印也胎息悲庵。另外,他的艺术传承与如皋派后期黄楚桥有影响,所以印章也有如皋派风韵。1941年,尤逸农辑尤无曲作品成《陶风居士刻印》问世。1940年严惠宇介绍无曲去京随陈半丁学画学篆刻。此时,尤无曲的印章已具备成熟面目。

　　1941年齐白石在中山公园观"尤无曲画展",亲笔题评语,定润格并亲笔写赠。润例中齐写道:"又擅金石,取汉印为归依。"齐白石、陈半丁崇敬吴昌硕,所以尤无曲印风也承继了海派。他刻印较早,转益多师,存世印作以海派气息为主。白文"无曲大利",陈半丁批改为"意在缶翁",边饰斑驳残损,有石鼓体态。白文"何处相思明月楼",用笔灵动,行刀轻快,与陈师曾的"义宁陈衡恪之印章"相近。陈师曾与李苦李交往密切,师曾与当时任翰墨林编辑的尤金镛亦相熟;与尤无曲的二叔尤月三(金捷),尤无曲的三叔尤慎铭又是通州师范同事,所以画风、印风影响着尤无曲。

齐白石赞无曲"取汉为归依"并非泛泛赞扬,而确是认可汉印的功力。他也有元朱、界格,是尤老对传统元朱汉白的汲古师古。

朱文"上下千年""平阳",临古和师承;许多自用印极精细,行刀爽利,锋口清晰。还有浅刻长款,采用小行书字款,气象万千,这是近代印人中少见的制款法。荣宝斋在组稿《尤无曲印谱》时,派专人自京来通上门拓边款,务使原款清晰不失真。

尤无曲的著作有《陶风居士刻印》《近现代篆刻家印谱丛书——尤无曲》《尤无曲》(荣宝斋大型画册)《艺术巨匠·尤无曲》《尤无曲泼墨山水技法》《尤无曲画花卉清供技法》《尤无曲画松技法》《荣宝斋画谱——尤无曲绘山水部分》《光朗堂诗草》等。

尤其彬

尤其彬(1910—1972),书画篆刻家、文学家。江苏南通人。字冰子、老冰,号步林。

尤其彬出生于南通尤氏书香门第,为老三房长子;尤其伟、尤其侃为其堂兄。

尤其彬天资聪颖,兴味广泛,接受力强,在多个领域富有成就,当时深受老师和同学赞誉。

青少年时,尤其彬在崇敬中学、南通中学完成学业,英文成绩优秀,因而考入复旦大学外国文学系,受业于著名文学家赵景深教授,深得老师青睐和提携。大学时受师友影响,对文学兴趣浓厚,苦读中外名著,尤其是契诃夫等外国文学家作品。苦读之余,有了文学创作冲动,潜心构思,创作出十多篇小说。1929年冬从契柯夫的小说《死尸》一文启动灵感,再经过生活体验,观察人生世态,不断积累,三年苦练,写出一本小说集《苓英》,于1933年8月由上海开华出版局出版。赵景琛序,井渠跋,封面画为丰子恺设计,画面描绘此书中一篇小说的主人翁苓英在烛光下写信。

尤其彬喜好篆刻,大学时课余制印,至毕业后十多年,时常与岳父韶惠林通信,从此师从韶惠林学篆刻。尤其彬兴趣广泛,少时自学胡琴,与尤无曲二人同龄,二五一凑,尤其彬拉胡琴,尤无曲唱老生,有板有眼,甚为感人。他喜绘画,国画、油画、漫画都熟,家中至今存有尤其彬为父母所作油画像,颇有专业水平。

大学毕业后,他辗转多地寻找谋生职业,做过老师、职员。抗战时到贵阳,在中央银行工作。小说《苓英》出版后,

尤其彬,著《苓英》封面　丰子恺,设计　丰子恺、于右任,为尤其彬治印题

他较少动笔著文,精力多在篆刻上,岳丈悉心指点,师法齐白石,刻印渐游刃刀石间。因之,业余挂牌营业,将刻印收入贴补家用。1940年贵阳一家报纸刊登《金石家尤冰子》的短文,报道他的艺术简历和治印信息,文章称"从其戚韶惠林先生潜心研究,造诣益深,故自旅居筑垣以来,雀巢一时……"报上所附照片为挂牌治印店面外景、尤其彬近照、作品拓片。朱文印"王公畏印"、白文"李默湘"都为齐白石印风,笔画穿插自然,多用冲刀法。词句印"风物长宜放眼量""五一万岁"等,也系冲刀硬入,一气呵成,不假修饰,天然成趣。他为建筑大师孙支厦及姻亲孙渠所制印,朱文白文,亦具古趣。

尤冰子,刻印

抗战时的大后方,他有机会与许多名人交往,为名流制印,于右任为他题写"尤冰子治印"。茅盾书信集中1940至1945年期间,有写给他的信:"……观尊作气韵苍劲已为神往……特肃寸笺,敬致谢忱。"信中茅盾谈及尤其彬为他刻的印,客气地说愿意珍藏和宝用,赞为气韵苍劲。并用笺纸题写"步林治印"作谢意。信中托尤其彬问候谢六逸,因其时谢在贵阳执教和从事抗战文艺宣传。茅盾在中学时代向学友学过刻印,作品一直保存着。

赵景深1925年在上海江湾立达学园任教,丰子恺为该校创办人,二人订交。赵景深转复旦后,距立达近,仍时相往来,所以赵介绍尤认识了丰子恺。尤的小说十多篇作于课余,1932年11月尤其彬将书稿呈丰子恺审阅,丰阅后甚喜,函复说:"……文字流丽,趣味隽永,弟甚为爱读。闻大作结集出版,如已约定,弟当代为书画封面。"纸短情浓,一代文学前辈对青年褒奖有嘉跃然纸上。尤其彬在书出版时,特地将丰子恺的书信手迹印于扉页,以表敬谢。丰子恺漫画常用子恺二字的英文缩写"TK"签名,如椭圆印章。尤其彬为丰刻一枚正方形"TK"名章,丰子恺大喜,复函说:"……此印在中国数千年金石界,可谓别开生面……"用英文字母入印,在当时是有独立精神的艺术家的创举,印的幽默创举配上漫画,恰到好处。丰子恺去重庆国立艺专任教,尤其彬再为之制名印,丰题写"冰子治印"之题签相赠。

尤其彬著作有《冰子治印》《步林治印》,小说集《苓英》等。

第六章　纶巾羽扇咏永年　霞溪健笔宗西园

陈昀

陈昀(1901—1980),书画篆刻家,江苏南通人。字永年,号曙亭,别署霞溪、慧昶、如如居士。

陈曙亭14岁去翰墨林印书局当学徒,其时李苦李任经理,李先生在翰墨林的西园经常邀集宾朋,研文谈艺,品赏书画。画家陈师曾、诗人诸宗元,高丽学者金泽荣,这些人精通国学,书画绝妙,多数受海派艺术浸淫。陈曙亭因而拜李苦李为师,同时获得陈师曾等大师的指点。他虚心求教、艰苦自立、勤于动笔,得到苦李先生赏识,才艺大进,篆刻也打下良好的基础。

王个簃先生从省七中毕业后,在城北高等小学和省立七中先后任教,拜李苦李学书画篆刻,去翰墨林时总要去陈曙亭工作室聊聊,成为亲密画友、印友。这些情节在《王个篆随想录》中有评述。个老回忆:"我每去苦李先生处,必定要经过他的工作室。时间长了,我们成了知己。"王个簃去上海后,二人仍然联系,保持着当年的友谊。陈曙亭温文谦恭,处世恬淡,超然物外;王个簃生性厚道,朴茂淳厚,乐于助人;王、陈二人同气连枝,成为终生手足情深的画友。个簃也将曙亭的书画印带给缶老评改。个簃先生曾带陈曙亭拜访吴昌硕,吴老指着桌上四大函"缶庐印存"让陈曙亭带回去观摩,曙亭十分腼腆,取了初集一函带回去。当年我在木排巷曙亭先生居所求教,他特地拿出这部珍贵的手拓本印谱,讲述了上面的故事。

新中国成立后,20世纪50年代王个簃参与创建上海中国画院,任常务副院长主持工作。得知师兄陈曙亭子女多,家境困难,多次写信让陈曙亭去沪,他可帮忙安排工作或去画院。那时陈曙亭乡土情深,也割舍不了孩子和家庭,终失去了去沪上发展的绝好机会。

陈曙亭30岁时,应印光法师之邀,前往苏州主理弘化社佛经流通事,前后在灵岩山六年。在印光法师左右,参透佛学经典,学识和修养不同凡人,于生活和艺术也透入禅意。有文章称"所蕴弥厚"。亦曾为禅友制印,广结善缘。他的印谱中有为苇一和尚、慧茂居士所制印。

个簃先生自沪赴苏州,慕名访印光,但法师闭关,陈曙亭得知,陪王个簃见法师,印光法师与王个簃畅谈佛理。

60年代我曾与陈先生在望仙桥刻字第五门市部工作,得以常常听先生谈治印之道,兴到时也听到曙亭先生谈与个老及其他名流的交往故事。炎夏之际,也似昌硕老那样打着赤膊,取出霞溪印存的印笺纸整理拓印。我虽与先生共事时间不长,但学到不少东西。先生刻过长形朱文印"身外生",用娴熟的爨宝子碑书体刻边款"外其身而生,身可不为患",乃老子《道德经》之句。

业余也常去城西木排巷陈宅求教,有机会饱览先生收藏的许多名人书画。有一册"陈曙亭印存"是先生赠我的,扉页有陈曙亭先生亲笔写的序言。册中"金石癖""陈昀之印""曙亭"都为精刻;"不知老将至""心游物外""静观"富有海派气息。

陈曙亭,刻印

《曙亭印存》书影　　　　　　　《曙亭印存》前言

陈先生刻印，先以淡墨用小楷在石章钩出篆文，晚年带两副眼镜刻印，但能刻一厘米见方的石印。我手头保存有工资单上盖的姓名印"陈曙亭"，1.2厘米见方，铁线篆上紧下松，刀路劲挺，趣味十足。"卢心竹欣赏""心竹诗画""卢心竹"等均朱文小篆，圆笔篆文，绵里藏针；白文疏密相间，受晚清名家影响。陈曙亭印章多有长款，款识有哲理或禅机，耐人寻味。刻款文字用隋碑魏碑笔法，以小见大，气象万千。

陈曙亭兄弟三人都能刻印。三弟陈永康，新中国成立后在韬奋印刷厂写石印布告，入赘王家，改名王均祥。新中国成立前陈曙亭兄弟在南大街基督教堂对面开设"二友刻字社"。50年代合作化运动，"二友刻字社"入社，陈曙亭进入刻字合作社，主要从事金石篆刻和私人名章业务。

陈曙亭的画，闲逸而有诗情，受李苦李、陈师曾的熏陶，多胎息海派。陈曙亭藏有清版彩色套印的《芥子园画谱》，版本珍罕，是临画的重要工具书。自编辑《霞溪印存》，连史纸手工拓印，八宝印泥，边款乌金拓。拓印装帧十分精美。

陈曙亭，山水画《渔舟唱晚》

陈曙亭晚年守着清贫，仍然作画制印，矢志不悔。藏有任伯年、吴昌硕、王一亭等许多海派名家的书画真迹，庋藏许多善本碑帖画册印谱。但生前未有著作出版。

新世纪千禧盛年，南通书画创作空前繁荣，对有成就的前辈画家、篆刻家开始关注和整理他们的遗著，举办纪念展览，整理出版书画印专集。人们没有忘记这位海派艺术家，2000年4月3日，由南通市美术家协会主办的"陈曙亭金石书画展"在个簃艺术馆开幕。陈曙亭去世时，南通市美术家协会处于初创阶段，先生没有加入协会。这次适逢陈曙亭诞辰一百周年、逝世二十周年，展出九十多幅书画遗作，包括金石拓片。王个簃先生弟子、上海吴昌硕研究会副会长曹用平题写会标，并专程自沪来通参加展览开幕式。

第七章　金石名篇传桃李　艺淳师德留青石

丁吉甫

丁吉甫（1907—1984），当代书画篆刻家、美术教育家。江苏南通县人。名丁谦，字守谦，号吉甫、吉父、牧斋。

丁吉甫先生生于南通县骑岸镇，自幼家贫，然聪颖好学。幼时入新式学堂，黎明即起，读古文、临帖习字，不分寒暑孜孜不倦。戊辰年就读通州师范学校。通州师范建于1902年，是中国最早的师范学校之一。

20世纪80年代笔者访问丁吉甫，老人回忆说，他很早就参加了通州师范学校里的"金石书画协进会"。在求学期间，常常去翰墨林聆听李苦李先生的教诲，向李先生学金石书画，艺事日进。在新中国成立后的60年代，王个簃、沙孟海发起整理编印《李苦李印谱》，丁吉甫曾及时将自己珍存的《苦李印谱》手拓本交给王个簃。此事见证了丁吉甫与李苦李先生师生情谊之厚。李苦李先生收藏大量名人书画、钟鼎彝器拓片、书画典籍珍本，丁吉甫有机会大量阅览和学习李苦李先生的收藏珍品，眼界大开。在李苦李指导下，他临习《郑文公碑》《史晨碑》，更涉及颜鲁公、邓石如、吴让之诸家，在书法上渐渐打下深厚的基础。他喜欢黄山谷行书，晚年还抄了两种黄山谷行书帖。并要我在南通寻访好的拓本，其中有一种为《幽兰赋》。

丁吉甫，篆书对联

1935年，丁吉甫以优异成绩考入上海美术专科学校，攻西洋画，又选修中国篆刻。上海美专师资力量雄厚，书画名家云集，在那里，丁吉甫潜心苦攻书画篆刻，如鱼得水，有幸得到王个簃、方介堪、诸闻韵诸名师亲炙，画艺和学识均收获满满。

美专毕业后，丁吉甫在南通县立初级中学教美术。抗战时期，他参加革命，投笔从戎，并渡江南下，成为新中国的干部，担任革命队伍的财经工作。1952年全国大专院校院系调整和合并，当时由上海美专、苏州美专、南京高校的美术院系数部门合并，在南京成立"南京艺术学院"；此时，学院没有忘记这位有成就的学生，丁吉甫归队，调入南京艺术学院先后任办公室主任，南艺附中校长，南艺美术系副主任、副教授。

丁吉甫在南艺执教数十年，60年代，丁先生认为国画系的学生必须了解中国传统篆刻，因而在全国院校系统率先开课讲授书法篆刻；当时全国美术院校只有南艺、浙美开设书法课，普遍感到教材缺乏。丁吉甫认真研究，觉得书法篆刻教学急需印章教材，而新中国成立以来，旧时代各版本旧印谱分散难以收集。于是从1961年起，他着手编印篆刻教材以供院校使用。他将自己历年收藏的大量历代印谱，以日本平凡社编印的《书道全集》中历代篆刻专辑为主体作为古

丁吉甫，编 《印章参考资料》书影

代部分的依据，收集周、秦、汉至现代有代表性的印章，包括边款、印纽，汇编成《印章参考资料》，由南京艺术学院委托新华日报印刷厂套红印刷，胡小石题写书名。这部书成为新中国成立后第一本开拓性的篆刻教材，是十分实用的高校教科书，当时在全国大专院校范围内进行内部交流，消息传出，省内外一书难求。可惜早已绝版。

丁先生一面辛勤教学，一面关注书法篆刻的组织工作和创研。1963年冬季，丁吉甫通过各省市文联组织，向全国征集印章作品，不久收到各地应征的大量印章拓片，他投入全副精力进行整理，着手编集《现代印章选集》。至1964年底完成了初稿，请陈毅、郭沫若题写了书名。不料尚未成书，便开始"文革"，丁吉甫珍藏的字画、碑帖、印谱、工具书和各类图书均被抄家，《现代印章选集》出版无望，资料受损。1976年，"四人帮"粉碎，百废俱兴，篆刻艺术的春天来临，丁吉甫被抄家冲击的字画、文物、书籍得以部分归还，但那份《现代印章选集》书稿多有缺失。他将积压的印稿重新进行整理，再次向各地有关作者发函征集新作，对这份十多年

前的书稿进行全面整理,遴选印章518方,部分附了边款,入选作者遍及17个省市,基本上反映了当时中国篆刻界的状况。这么一折腾,丁先生这部书的计划,历经18年才了此夙愿。大好时光鼓舞了丁吉甫的创编热情,他再次编选《毛主席诗词印谱》贡献艺坛。

丁吉甫书、画、印皆精,国画有传统亦有创新,下笔干练,挥洒自如,其山水、花卉都令人感到神态自如,栩栩如生。

《菖兰》是丁吉甫的代表作,以写意手法绘出一束娇艳灿烂的菖兰,画面突破传统花鸟画格局和设色,简洁的线条,用粉红、深红、玫瑰色染花朵,粗枝和大叶衬托花的多姿多彩,吸收西洋画的用色方法。题目取为《看画常念种花人》,寓饮水思源的深刻思想境界,此幅画入选《现代花鸟选新编》。

先生的山水、花鸟,远学八大、青藤,近学缶翁、白石;《苍松图》的朴茂、郁拙、正气凛然,可谓画如其人。

篆刻创作是丁吉甫毕生所好,他初学邓石如、吴让之,后受吴昌硕、赵之谦、齐白石影响,广学各家;先生的印风,平实中寓苍劲,拟古中有拙趣,多数印以古拙见长,印如其人;配篆和行刀,都显示出朴实、从容、不矫饰的境界。正如著名甲骨文篆刻家潘主兰所赞:"排脱藩篱浙皖黟,溺于秦汉亦矜持。"著名篆刻家韩天衡(丁吉甫的学生)在《丁吉甫印选》序中写道:"吉甫老师的印风,好在不矜持,不雕饰,不浮夸,不声张,淡泊自然。"这是很准确的定评,他的印章洗尽铅华,无须珠光宝气,但总让你喜欢它。当今十分浮躁的篆刻界,很少有人

《丁吉甫印选》封面书影

第三篇 海派篆刻 传承有绪

103

能达到此种境界。"祖国万岁""人情同于怀土""学到老"都是学汉印、学赵之谦的佳作；"虚心使人进步""子林珍藏""邓中夏"则以精巧的构思见长；巨印"贵在鼓劲"，以金石为篆，又以汉印技法，笔势劲挺而充满张力，真如待发的弓弩和起航的风帆，用笔力透纸背。《丁吉甫印选》给我们的启示，是要求印人在创作动机和创作思路上，力戒浮躁，摈弃功利，追求一种"天然去雕饰"的境界。

南通市书法家协会在筹备和建会初期，因担任召集人有机会常去南京省书协办会务，也就有机会常去模范马路青石邨拜访丁吉甫老师，向他表达希望他老人家回乡举办个人书画展的愿望，个展的动议其实也是闲谈中向丁老提出的一个建议。当时丁先生常年卧床，便对我说："像我现在这样的

祖国万岁

丁吉甫，刻印

身体，哪有精力搞个展，而且大型展厅，也要有几件大幅绘画。"其实，先生长期卧床，有应酬和约稿，也会撑起身子题字作画，也会拖着病体给后生青年作指导，也为学院教学办学做些事。黄惇在报上发表的回忆文章，就曾记叙丁吉甫先生撑着病体，为学院招收书法博士研究生出题目和亲自出面担任导师面试招生的事。

托病是理由，实为谦逊，怕给家乡带来压力和负担。此后我多次乘去省书协办事的机会去丁寓，转达市委宣传部和市文联都十分重视和将展览计划提上议事日程，南通市书法家

协会会鼎力担任具体展览事务。随之丁老打消了顾虑，带病突击创作多幅大型主题国画作品。南京艺术学院党委得知南通隆重邀请丁吉甫回家乡办展，非常重视，慎重研究决定让"丁吉甫书画展览"先在学院预展，然后再去南通展览。

1983年6月22日，"丁吉甫书画篆刻展览"在南通市文化馆大成殿隆重开幕，南通市党政领导、新闻界、书画界及各界人士、在通的丁老学友都到会祝贺，江苏省美协、江苏省书协、上海王个簃、曹简楼、四川美院冯建吴等都发来贺电。6月23日，南通市文联在南公园招待所召集书画界代表和丁吉甫先生的好友举行座谈会，欢迎丁吉甫回家乡举办画展，当天，丁吉甫由子女、学生陪同，与书画界同仁畅谈从艺经历，交流书艺。展览闭幕时，丁吉甫挑选展品中精品二十九幅，著作三种，捐献给家乡永久保存。此外，他还向南通博物苑捐赠了钱静人的遗作诗词墨迹。

晚年的丁先生患肺气肿，说话聊天困难，常发病。他对我说，因身体不好，来客只能交谈数分钟，速战速决把事情记下来。但我与老师投缘，每逢从南通赴宁看望他时，他总是笑嘻嘻地和我聊家乡或书协的事，最长有达一个小时，算是奇迹。丁先生告诉家人，只有韩天衡、王树堂两青年来访，接待时间最久，无话不谈让老师忘了病痛。

1984年，我为沿海城市"海天书情"展览征稿事宜去南京，看望丁吉甫老师，并恳求丁老给南京几位老艺术家打招呼，请他们提供作品，丁吉甫老师带病为这次展览写了一幅篆书。而在1985年初"海天书情"书法展览开幕前夕，丁吉甫先生因病谢世。那幅为市书协写的作品，成为绝笔。为征稿去青石邨取作品，成为与丁老师最后一面，令人怀念。

丁吉甫桃李满天下，全国各地都有青年奔南京拜丁先生门下，密切联系的学生主要有韩天衡、黄惇、范石甫、王树堂、林公武、丁观加、胡舜庆、邹平朝等，江苏地区尤多。

丁吉甫曾任江苏省书法印章研究会秘书长、中国书协江苏分会副主席、西泠印社理事、中国人民对外友协江苏分会理事等。著作有《牧斋印存》《印章参考资料》《现代印章选集》《丁吉甫印选》《印章知识讲座》《漫谈印章》等。

丁吉甫，山水画《南国风光》

第八章　英年风华誉崇川　个翁高足称无逸

杨泽章（1908—1944），书法篆刻家，古琴演奏家。江苏南通人。号无逸、五一。

杨泽章出生于南通寺街石桥头一个金融行业的小康之家。出生之时，其父已逝去近半年，他是遗腹子，因遗母腹中五月出生，因而乳名"五月"。及杨泽章长大，用"无逸"为其自号，是取"五月"谐音，又自称"五一"，再为谐音。其义则兼取"尚书"篇名，用以自勉。

少年时的杨泽章，在南通城寺街北端的城北高等小学校求学；小学毕业后，入江苏省立第七中学求学；他自幼聪颖好学,在小学、中学里,各科成绩都名列前茅。在省立第七中学,课余时间自学和钻研易经,练习古琴,学习篆刻。这许多爱好,他没有顾此失彼,都学得有声有色,学一样像一样。学校的国文老师徐昂,国画老师王个簃,对他十分器重,是老师眼中的优秀学生。

卢心竹比杨泽章年长三岁,他俩在城北高等小学校、江苏省立第七中学高级部文科班都是同班同学。更难得的还是同班同座,亲如兄弟;课前课后,形影不离,经常在一起踢球、作画、讨论课文功课。卢心竹于诗词兴趣很浓,他经常用诗表达与杨无逸的同窗友谊。他们常常相约去南郊踏青、写生,互相作诗唱和。在校园里,为迎接中学即将毕业,他们一齐写诗歌颂母校,并比赛谁写得快、谁和得快。

在花朝佳日之晚上,杨无逸邀约卢心竹等几位相洽的同学,找个好去处,敲棋奏琴,醇酒畅饮,秉烛夜聚,每位同学都要作一首诗共畅胸怀。同学之间互相帮助,诗书琴画,同声相吸,同气连枝,中学时代的学习生涯有趣而多彩。卢心竹、杨泽章从高小至高中毕业,前后一道同学九年,同窗情谊十分深厚,毕业后分手各自升学,还是鸿雁传书十分怀念。卢心竹先生晚年,怀念故友同窗之意更为情深意切,卢的手稿《春水诗剩》有数十本,以学校旧的讲义反过来抄写,密密麻麻的蝇头小楷,这其中,在省七中与杨无逸唱和的诗约有十首左右。

20世纪80年代卢心竹先生应我的要求写了一份回忆杨无逸的短笺,并告诉我杨无逸在学校时为他刻一枚朱文名印,他一直在使用,并让我拓印一份。朱文小篆,细边清秀,有秦篆笔势,又参入汉印法,右高左低,参差穿插,动感逼人。其时杨泽章甚为年青,但制印海派气息浓,略为残破增添了古意。他将印拓呈王个簃,个簃先生看后叹赏构思精巧,多有鼓励,并去沪带给吴昌硕先生看,吴老看后说值得赞扬，说后起之秀中有这样的水平殊不容易。吴昌硕特地用信笺写上几句勉励的话赠给杨无逸。

在七中，他不仅成绩好，业余爱好上的表现也很出色，受到指导老师徐昂、王个簃、徐立荪诸老师的喜爱和提拔。

杨泽章，为卢心竹刻印

课余学习古琴。个簃先生在七中也指导学生演奏古琴，他觉得杨泽章学古琴悟性好，杨很感谢王个簃的启蒙。徐立荪当时也在七中任教，杨泽章也向徐先生学古琴，向徐学琴的同学很多，但多数兴趣冲动将琴摆弄，尝试过后一曝十寒，有人耐不住天天苦练的辛劳，遇进展不力，则多有放弃者。唯

卢心竹，《篆刻能手杨无逸》手稿

杨无逸坚持跟徐立荪学琴，日积月累，多有成就。1925年杨时年18岁，张峡亭（峰石）有一首《听春如弹琴赋赠》的诗称赞杨无逸学琴的成就。张峰石富有听琴经验，并且不轻易称赞人，所以这首诗对杨的评价是实际而可靠的。

杨泽章的古文学识，表现在诗作上。他与多位诗友文友唱和和研讨诗歌，有住三人巷的周星如，瘦瘦的留有小胡须；有黄稼承、黄朗成（黄耀曾）兄弟，他们常常相约到张天一家中玩，向张天一的父亲和伯父请教诗文，论诗敲句。对这位有才华的好学青年，地方人士陆景千很爱他的才，他将自己的长女陆友蓉许配给杨泽章。

王个簃先生在省立七中任教期间，给学生辅导国画、篆刻、古琴，以提高学生的艺术修养。在个簃先生的倡导下，校内成立了"江苏省立第七中学校篆刻会"，杨是该社团重要成员，他刻制的长方形白文印"江苏省立第七中学校篆刻会章"盖印在篆刻社团自办的刊物《篆刻成绩》上；为辅导中学生学篆刻，王个簃编印了讲义《个簃印悟》，此书后来成为海派篆刻的经典。20世纪80年代在城西曾见有一枚小方型青田石，刻朱文姓名印"杨五一"，边款文字为"无逸弟雅评，个簃"。这是王个簃赠给杨泽章的，款文没有用俗套的"雅属、惠存"之句，而用"雅评"，意为对杨的鼓励，希望学生能认真研究老师的笔法刀法，有所借鉴启示。这方印新中国成立后王个簃自己编入西泠印社出版的《个簃印集》第10页。

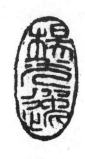

杨泽章，刻印

1926年杨泽章中学毕业，到南京中央大学就读，毕业后，在江苏省财政厅当秘书，以后到省政府任职。1933年参加全国高等文官考试，获第一名。其时陈果夫任江苏省政府主席，推荐他任中央会计处主任秘书。逢节假日，他则请假回通探亲，并寻访好友，交流艺事。

1936年苏州今虞琴社第五次月集，多家琴社应邀到会，那时老师徐立荪带杨泽章出席，杨泽章在会上演奏梅庵派代表曲目《平沙落雁》《长门怨》，曲操极高。

1937年抗战爆发，国民政府迁往重庆，杨泽章随往。他在重庆兼重庆大学教授，讲授政府会计，因为他来自专业部门，手上资料丰富，讲课生动，学生对他甚为崇敬。

杨泽章篆刻出手不凡，70年代在城西某处见到杨的二十多方遗作，多为青田石印章。"惜绿草亭藏书"是白文拟汉印，行篆笔势潇洒，横竖笔多变；"三梅轩主"为朱文，海派气息浓郁，大篆体势，雄强放纵，运刀娴熟，"轩主"的借边，增加了印的力度和动感；还有本文提到的"江苏省立第七中学校篆刻会章"和"无逸近况"等白文印章，传承汉印，布局精巧停匀，疏密变化多彩，体现了作者驾驭汉印的高超技能。

在重庆期间，杨泽章的母亲托熟人陪儿媳陆友蓉前往照顾杨泽章，不料，1944年杨泽章染伤寒去世，留下二子二女。这位海派艺术的传人，梅庵琴派的主要琴人，英年早凋，给南通艺术界带来不小的损失。

第九章　三松堂山高水长　双银杏青出于蓝

黄稚松（1910—1994），书法篆刻家。江苏南通人。名黄诚，字稚松。黄稚松的父亲黄枋，号松庵；弟黄贤，字幼松；父子三人精通文墨，擅长书画艺术而享誉乡里，雅称"三松堂"。

黄枋（1889—1962），书法家，江苏海门人。字渠臣，号松庵，又号大别山人。黄松庵1905年游学日本，1907年归国后，先后在海门中学、海门师范执教，又任海门修志局局长。新中国成立后，曾

黄稚松

任南通市政协特邀代表。松庵先生长期致力于教学和修志工作，又精于书画，致力于六朝隋唐碑版研究，书法功力深厚。对黄稚松的学业学艺，影响甚深。王个簃少年时在海门高等小学求学，黄松庵是王的老师。《王个簃随想录》中写道："1972年，我的学生黄稚松寓书索画。他是松庵先生的孩子，又是苦李先生的快婿。我缅怀昔日的师生情谊……"（《王个簃随想录》第12，13页）

黄稚松先生自幼受家庭熏陶，在古诗词、书法、篆刻诸方面，造诣颇深，名闻乡里。黄稚松是1929年南通师范二师范部第一届毕业生，曾在浙江吴兴县中心小学、南通县金沙中学任教；1936年下半年调至通州师范，当时27岁，年轻风采，戴着一副近视眼镜，长发向后梳得很整齐，一袭长衫，风度翩翩。

黄先生在通师求学时，熟读诗文，书艺出众，当时南通是有文化特色的城镇，地方上将徐益修、曹文麟、顾怡生、顾贶予称为南通"四才子"，社会地位很高。当时的通州师范，是全国最早开设的培养师资的师范学校，黄稚松与同学李素伯、吴天石、史友兰并称为"小四才子"，享誉校园，在社会上亦传为佳话。

黄稚松时在母校任教，担任国文史地课程，自是轻车熟道，课上操着夹有海门乡音的南通话，教授语文不墨守成规，在省厅规定的教材之外，增选新文学作品，油印发给学生；所自编教材和课外自习教材常常编有厚厚两大册，教课生动严谨，所讲课程很受学生欢迎。黄先生刚调入通州师范就带初三毕业班，学生毕业时，受黄稚松传授书法的学生，纷纷向老师求书法，黄稚松热情书写书幅赠给学生，勉励他们坚持学好毛笔字。

抗日战争爆发，南通城沦陷，通州师范被迫停课，黄稚松此时外出找寻朋友，并转移到"孤岛"上海避难，进了在上海的大生纺织公司,任文牍工作。嗣后,黄先生一直在大生集团任职,直至年老退休。他对张謇创建的大生集团的事业甚为钟爱,60年代的《大生资本集团史》,黄稚松是作者之一。80年代南通成立"张謇研究中心",整理出版《张謇全集》,黄稚松投身这项文化工程,并为"张謇研究中心"题写会牌。我当时每次去市图书馆静海楼古籍部查阅古籍,都会经过"张謇研究中心",认真欣赏黄稚松先生的楷书会牌。黄稚松晚年,不顾年迈体弱,与任哲维、陆文蔚一道分担将《张季子九录》分段和标点。黄老八十岁时,还承担《张謇存稿》的部分点校、编写工作,不计得失,鞠躬尽瘁,治学和敬业精神让人欣敬。

新中国成立后,黄稚松与当时叶胥原、朱漱梅、鲍伯详等,成为南通近代书法界的领军人物。黄稚松之先严黄松庵老人书法笔力雄健,曾有"惊神鬼"的诗句和精彩书法赠叶胥原。稚松自是家学渊源,他初临颜楷,铸定了楷书骨架,晚年又时涉二王行草。因此他的行草书,同辈通城书法家无有出其右者。承前启后,成为书法作者的楷模,但他行事低调,不事宣传,不作炫耀,不求闻达,淡泊宁静,书德高尚。

余有幸忝列门墙,常常造府聆听先生的教诲,也有机

黄稚松,刻印

会获得黄二先生黄幼松老师之指教,获益匪浅。多年来手头存先生手泽甚夥,因而时常拿出来观赏,崇敬和感恩之情常存。稚松先生的汉隶,隶势中有篆的沉稳和行草的动感;先生还多临西狭颂、杨太尉碑、张朗碑、木简等多种经典碑刻。其小篆提按自如,秦篆有瘦劲和整饬,石鼓丰润而圆厚。黄稚松的治印,几乎每方印都有书法功力,书风个性,充分显示"印从书出"的魅力。更有海派的朴厚和浑穆,"法自然""不鸣一艺""学到老"都得印学三昧;在王个簃先生对黄稚松评阅中,不乏劲挺、虚劲、平稳等美辞,评价甚高。

半通印"海廔"的劲挺;"李大翰墨"的平稳;白文"佩君"清新怡人;闲章"法自然"的虚实相生,圆势中透出劲挺。"树堂"一印,上紧下松,穿插揖让,把海派印风发挥到极致,王个簃的批语是:"此中妙处树堂当能领会。"

1984年4月19日,南通市文联主办"黄稚松李巽仪书画篆刻展览",是为黄稚松夫妇古稀之年给家乡的文化礼物,王个簃为展览题会标。

黄稚松,篆书《福德长寿》

《黄氏三松堂艺概》书影

先生一生淡泊、谦逊、率真、朴厚,是当今艺人的典范,音容笑貌永远活在后辈心中。

1992年4月,黄稚松胞妹黄婉出资,出版《黄氏三松堂艺概》彩色画册一部。本书收集黄松庵、黄稚松、黄幼松、李巽仪四位的书、画、印作品及相关艺术简历。

2006年,南通市文联编印《翰墨缘——黄稚松、李巽仪书画集》出版;先生生前由家属和学生也少量手拓一些印集用作交流。

2008年,"双银杏馆、三松堂金石书画回顾展"开幕,展出了李苦李、黄松庵、黄稚松、黄幼松、李巽仪等五人的金石书画。

黄幼松

黄贤(1911—1978),书画篆刻家,江苏南通人。黄稚松之弟。字幼松,别号石欣、石颐、石不秀、黄二郎、东洲词客。

黄幼松幼年跟随海门龚隐仙学画,少年时在海门中学求学,中学毕业考入上海美术专门学校,学习中国画,师从郑午昌、许徵白、郑曼青诸师,绘画技能获得很大进益。他与尤无曲是上海美专校友。黄幼松曾执教开封建华艺术专科学校,1946至1948年在南通县立中学教语文,兼南通女子师范学校美术教员。新中国成立后,任江苏省南通中学语文教师,南通市美协委员;并参加苏北第一届文代会,参与筹办南通市第一届六一儿童美展;第一届国画展览;生前曾多年为南通市绣品厂担纲绣品设计。

黄幼松为人厚道，满腹经纶，在中国画和篆刻二项，造诣极深。他潜心书画，不事张扬。其外冷内热，心中无限之创作冲动和学识技艺，都展现于作品中。新中国成立之初积极从事南通市各项美术社会活动，曾作巨幅国画《中苏友谊万古长春》庆祝苏联十月革命四十周年；在绣品厂亲手设计的大量绣品甚为珍贵；国画山水、人物、花鸟皆精，用笔设色突显熟谙的传统功力；熟悉清代各路名家的绘画技能。先生绘画虽兴之所至，皆为老笔纷披，感动同好。早岁与通城许多画友往来，曾与刘子美合作《樱花孔雀图》。

黄幼松，国画《秋光》《梅花小鸟》

南通市图书馆藏有一册《幼松印存》，用上海宣和印社宣纸印笺手工拓印，印文多为自用印和姓名印，缪篆、大篆、金文，亦有长方、椭圆、半朱半白多种形式，还有小巧的名印和长形多字印，充分显示出作者驾驭各种传统印式的能力。"三松堂"的疏朗，"松庵二子"的敦厚端庄，

黄幼松，刻印

"胡文山"的空灵,都可得见黄幼松精研六书,擅长金石的功力。

黄幼松著有《幼松诗稿》《幼松印存》《幼松绣稿》《海门竹枝词》等。

第十章　望仙桥畔切玉章　自诩鬼才米玉夫

戚豫章

戚豫章(1921—2006),书画篆刻家,江苏南通人。又名戚悦,御臧,号米玉夫,馆号不足惜斋。

戚氏在南通城南是一大户人家。戚豫章幼年随季华伯父习字,十一二岁时,对印章产生浓厚的兴趣。其时家境并不宽裕,他常常节省点心钱、零花钱投入刻印;但他经常练刀磨石,需用的石料甚多,零用钱已不够购石之资。他动动脑筋,捡拾路边废砖块,经过锯磨制成印石模样,一样可刻;日常放学之后,做好作业,便在砖块或廉价印石上临摹印章,往往磨了刻,刻了再磨去,多次使用。由于勤奋,大量刻石,久之能辨识选用可以刻印的软石;为了不断练刀,练习手腕力量和技法,他找来塑料牙刷柄、鱼牙、兽骨、骨牌、胶木等,这些常人不愿采用、甚至难以奏刀的各式杂材,他都能得心应手,练出常人无法操作的技术。

娴熟的运刀技巧和惊人的腕力,先生虽年近耄耋,依然宝刀未老,不计较印石的软硬和贵贱。戚豫章晚年,孙女旅游带回来贺兰石,石质坚硬,恐难受刀。老人得石甚喜,即刻打磨,并施墨描印稿,对孙女说:"你爷爷这辈子什么印材没有经手过,都在我手中刻成心仪的印章,这种硬石,我不服老,还得试试腕力。"印章刻成,他在《书法学习》报上发表了刻制贺兰石印章经验谈,与同好分享。

戚豫章在入学后,得到丁吉甫先生的启蒙,为书画印打下正规的专业基础。继续升学后,受教于著名书法家,海门黄祖谦先生;还获得著名书法篆刻家、无锡宋云荪先生的面授。

戚豫章毕业于上海美术专科学校,曾获曹勋阁先生、仇森之先生的引见,隆重拜海门王个簃为老师。王个簃先生对他十分看重,曾经刻制印章赠送给他,作为对学生的勉励。

在刻苦磨炼、名师传授、名校修业之下,他的学业和金石书画均有造就,24岁那年(1944)他将研究金石治印的实践经验写成《治印杂话》公开发表;文章回顾了自己学印的过程和治印的修炼经验,十分耐读。

戚豫章走出学校之后,曾任民众教育馆馆长;先后在南通师范、南通女子师范任教,从事着他喜欢的美术教育工作,传授着他刻苦学习和名师那里学得的绘画技巧、金石艺能。抗日战争胜利之际,戚豫章在南京举办个人画展。

戚豫章的篆刻,学习海派,接受授业老师王个簃、丁吉甫的经验,刻印努力不断创新,常常有出奇制胜的佳作与师友分享。曹随庵先生评说:"豫章兄工书画,尤精于治印。上师秦汉,下窥浙皖,方寸之间每见奇崛之

《戚豫章印稿》书影

气。"南通名宿黄稚松与戚豫章相熟,他们在亦师亦友之间,文缘甚热。黄稚松有笔墨评赞戚豫章的刻印功力,称:"豫章治印上宗秦玺汉印,旁参封泥铜器砖瓦文字,兼摄浙皖两派之长,手摹心追,孜孜不倦,年届古稀,尤弄石不辍……"

戚豫章有一段时间陷入困境,生活困难。当时老师王个簃写信给他,勉励他要奋发图强,希望他在金石书画创作上振作精神,增添力量。对戚在困境中还能提携青年印人,做好传帮带,给予肯定和鼓励。

20世纪50年代,戚豫章的书画创作处于高峰期,治印也有不少佳作,多次参加省、市美展,曾出任全国首届美展华东区评委。1981年戚豫章在南通师范教学岗位退休后,仍然应邀讲授金石主持第二课堂;晚年还在老年大学讲授书画。在南大街望仙桥的寓所,走过花园、天井看到深院,门口有戚豫章自书门联"敲门都是问寒人,入座皆为求字客",展示了先生书画交友,热心社会书画事业的心境。80年代我与报社李军等文友应邀在先生寓所小酌,庆贺戚豫章先生四位弟子的"丑小鸭书画展"开幕,戚先生把学生也叫来同饮。韩天衡先生常说会拿着教鞭赶抽学生,对此戚先生告诉李军和我,说带学生要像赶鸭子上架,不催不赶不管不行的;我们敬佩戚豫章带徒弟的认真和尽心。

戚豫章,刻印

戚豫章，书画

戚豫章晚岁除作书画、勤刻印、带徒弟之外，亦热心抢救地方书画遗产，带头参加《刘子美画集》《黄稚松印集》等多位老前辈书画家作品的收集、抢救、整理、出版等事宜。

戚豫章篆刻，早期以汉印为宗，学赵之谦；中年以后，广涉诸家，又汲收海派精华，更参以个人的心悟。代表作"治印学者"为回文印，白文田字格，在古玺汉印之间，稳实而空灵，叶潞渊评为"颇近浙派"。大型朱文"松雪书屋"系为寺街收藏家雷春鸣刻，大气恢宏，疏朗灵动。

戚豫章绘画精到，因而刻肖形印亦妙，竖长形龙肖形，龙的口须转动，足边有丛草和足迹，栩栩如生。叶露园喜题为："刻得有趣。"他为丁一刻的名章，将姓名图案化，别出心裁，并写了一份创作心得，让我写了一篇赏评交给报社。

先生参与组织了南通师范50年代校友怀念母校的书画展,他刻制大型印"倦鸟知还"并印赠我一份,用刀爽利劲挺,有缶老风尚,自然的虚断增加了画面动感,边饰的击破恰到好处。

戚豫章晚年不幸患病,在感到来日不多时,强撑病体,将各个时期所刻印章拓片进行整理,在医院病床上,还与心爱的学生商讨体例和整理方法。

《戚豫章印稿》收入戚先生亲手整理的存印印拓计五百余方,计分王个簃批阅、叶露园批阅、历年印稿、印稿补遗、铁窗铁笔等五大部分。先生去世后,在学生丘石等数位青年篆刻家的多方奔走和努力之下,《戚豫章印稿》内部出版,学生们还召集举行了研讨会,以此告慰戚先生在天之灵。

戚豫章,晚年刻印"倦鸟知还"

第四篇 宏观近代 印学昌明

第一章 多元风采颂盛世 铁画银钩绘通城

南通是黄海边成陆的冲积平原，先民煮盐捕鱼，垦牧开拓，创造了早期的文明。大运河的传统文化，扬州画派的艺旗，带动了文人派书画艺术的兴盛，创造了近代绘画史的奇迹。徽派、雪渔派、如皋派、四凤派……早期文人印派的交相辉映，印人的铁画银钩，使南通地区的"如皋印派"异军突起，成为中国文人印学流派中的早期地方印派。如皋派引领明代后期至清王朝兴盛时期二百余年篆刻的辉煌，书写了早期印学的彩图。

南通是古代的移民乡邑，多元的地方文化和风俗传统，造就了南通开放、领先、多元、包容的风尚，成为沿海的文化都市。

1895年以后，张謇在家乡兴办实业，大量引进人才，重视教育和文化，兴办全国领先的教育、文化设施。引进海派文化、海派人才，也发展了南通的海派印艺，至今久盛不衰，薪尽火传。

近现代的南通印学，继承如皋派遗产，弘扬海派印艺真谛，更加包容、兼收，先进印学思潮与南通传统印学兼容并蓄,各类流派相互吸纳和补充,推动了地方印学的发展,使南通印学继续走在中国印学的先进行列。

近现代南通印林,有精于国学、文字学的魏建功、蔡观明;有溶秦纳汉、吸收皖浙海派的王西农、鲍审;有传承如皋派、吸纳古泥派的仲贞子、汤意工;更有在海外教学、宣扬中华印学的徐天从、汤成沅、陆行夫。本篇各章,拟对近代为南通印学做贡献的优秀篆刻家爰为小传,以享同好。

《南通书法一千年》书影

第二章　孤桐馆国学典范　知非录金石遣兴

蔡达(蔡观明)

蔡达(1894—1970;一作1898—1972,徐志楠文),近代书法篆刻家、国学家。江苏如东栟茶人。原名达官,后改名达,字处晦,号尔文、观明、官明,馆号孤桐馆。

先生家居如东栟茶场以南十二里的蔡家楼,老屋前有一株梧桐树,因此名其书斋为孤桐馆,自称孤桐先生矣。

蔡达5岁随私塾先生读书。宣统元年(1909)16岁,进通州国文专修科学习。后来在上海、南通从事新闻教育多年。1915年在如皋办《皋鸣报》,任主编,因撰写反袁世凯的评论被解职。1917年任江苏省立第七中学国文教员。1924至1926年任上海圣约翰大学、光华大学教授。后去如皋办扶轮学院,任教务长。1928年任栟茶行政局局长。1938年创办国文专修学社,任社长。日寇占栟,他避乡行医。抗战时,他为东台县参议会参议员,如皋县参议会参议员。新中国成立后任市文管会副主任,江苏省文史馆馆员,市政协委员。

蔡达学识渊博,攻文史,精文字音韵,通医学。先生多才多艺,勤于写作,国学、经学均佳。早年受林纾影响,写武侠和言情小说。编有《吴嘉纪年谱》《孙枝蔚年谱》和《金沧江年谱》,是国内最早研究金沧江的学者。青年时期与吴稚晖、章士钊交往,商讨学术。

先生的书法刻印,有一定功力,善作书画,魏武在《南通书法一千年》中称其:"精通金石书画,书法端庄,功力甚深。"

蔡达与地方名士之交广而贤,常与费范九、曹君觉、王启之等唱和。费氏《淡远楼诗存》就收录有《得观明兄沪校来书却寄》等多首;范九编《南通县金石志》亦邀请蔡作跋。

在省立七中教课时,费、蔡时相过从,往来密切。费主持《南通报》,蔡常有诗文发表。钱子泉见《南通报》刊蔡的《诗之研究》讲稿,给范九介绍蔡的经历;钱子

蔡达,著《筠娘遗恨记》1915版书影

泉通过费范九与蔡达订交,所以蔡达有了在圣约翰任教的机会。

蔡达的书法,先受张謇的影响,16岁至国文专修馆,临大麻姑、砖塔铭,以及小楷黄庭、乐毅、苏东坡,再涉及兰亭、争座位。中年之后,书法之兴渐浓,亦涉篆隶。故先生书画,有文学之韵,笔法之功,常临兰竹和山水,此时,更广交画友,去省外执教行艺,经常以书画会友。

再往前追溯,蔡达上小学时,就于篆刻有兴趣,以小刀刻石印;去国文专修馆,已购邓石如印谱,为有正书局版,常临摹把玩。时常与葛竹溪、王启之游。王个簃鼓励他,说印刻得好,他也向王个簃索印。他去福建办事,为同僚刻印多方,返乡时买回许多寿山石,此时刻印技术也在提升。因朋友王个簃推崇吴昌硕,蔡达也从学邓石如移师吴派,技艺益有进展。从在七中正规学治印到行走各地任职谋生,蔡达已经积累若干印拓。他敝帚自珍,回忆录中描述一些自己满意的作品,如"我师三石谷田涛"为长方印,拟汉印法;随意形状印"世外意"学邓石如;自云朱文"达印""蔡观明"之形式在邓、吴之外另辟蹊径。

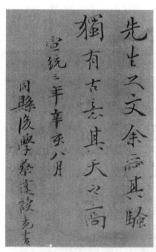

蔡观明,书法

蔡观明,刻印

蔡达与海派大师吴昌硕有缘相识，他有诗《奉臣吴缶老》二首，其一为"四海八荒同护惜，苍天大老归神州；抽豪蛇蚓无双手，拂袖风尘第一流。"吴昌硕也以《和观明》二诗答，其一为："旗鼓横江走异军，长城许我问何因，难将酒盏陪天醉，偃蹇婆娑说梦人。"

蔡先生晚年在南通市图书馆整理"南通图书馆善本书目"和"南通图书馆古籍书目"，有的文献为抢救，要组织誊写、抄录副本以备对外查询和使用。20世纪60年代，我的篆刻老师王西农因支农和下放运动在刻字社离职，回到北土山又无能力种田或搞副业，赋闲钟秀山，生活困难。此时，蔡观明出面推荐，南通市图书馆聘西农去往图书馆修补古籍和地方文献，修补张謇存稿等征集来的重要史科，王在图书馆多得蔡观明帮助。

蔡观明一生著作颇丰，有《中国文学史》《中国文字学》《知非录》《孤桐馆文甲编》《南通方言疏证订补》等。1936年在南通坐馆，编著《栟茶史料》，还有《习医札记》等。早年有小说《绿波传》《游侠外传》《筠娘遗恨记》在上海出版。

《蔡观明自叙传：知非录》书影

蔡观明，著《孤桐馆诗文》书影

第三章　研文著典经世业　百篆藤印救国策

魏建功

魏建功（1901—1980），中国现代语言文字学家，语文教育家，篆刻家。江苏海安县西场人。字益三，笔名康龙、文狸、山鬼。

魏建功毕业于北京大学中文系，留校任教，兼北大《国学季刊》编委会主任。抗战时期随学校迁昆明，任西南联大、西南女子师范教授。抗战后，赴台北主持台湾省国语推行委员会工作。新中国成立后任北大副校长、中科院哲学社会科学部委员，主持编写《新华字典》。

同时，还担任文化部古籍整理规划小组委员，九三学社中央常委等多种职务。

长期致力于汉语文学教学研究，从事民歌民俗收集整理，晚年扶病参加《辞源》审定。

1901年11月7日，魏建功生于一个世代书香的家庭，父亲让他自小背唐诗，5岁入私塾，学四书五经；10岁，舅父仲民新款待如师监督沙元炳，魏当场背六七首古诗，沙视其为神童，答应让他进入如皋师范附属三年制高小读书。

他在校学业优秀，提前升入师范预科，后被江苏省立七中选中，在中学、大学参加了声援北京学生的进步运动。

魏建功常为陈独秀主办的《青年报》写稿，向鲁迅倡导的《莽原》《语丝》写杂文，通过鲁迅，结识了周作人、朱自清、俞平伯、钱三强。许多近代名人信札文献，都有魏与他们交往的手迹。

抗战中，北京沦陷。魏任职西南联大，1939年7月7日，他给抗战战士募捐，联系联大教授，在春城举办义卖活动。他用云南白藤加工成章料，由于他精于古文学，所以刻的印文有古文底蕴，加之因人因名而异，巧以设计，印章精致。在联大助教杨佩铭带头下，各界人士纷纷向魏先生定购刻印，名作家冰心赞曰："书卷气，爱国志，都显示了同仇敌忾的心！"冰心订购了一方印，这方印被这位文学泰斗珍藏了一生。这为中国文学史和篆刻史留下了一段美好的故事，具有特殊意义。魏建功废寝忘食，奋力献艺，在较短的时间里便刻了一百多方藤印，义卖得了三百元捐给了中条山地区抗日救国团。现有一册《义卖藤印谱》为北京社科院文学研究所珍藏。

在北大，魏建功是钱玄同、沈兼士、马裕藻等大师的入室弟子。1925年大学毕业后，魏先后在北大、燕大、辅仁、中法、西南联大、台湾大学、汉城金城大学等执教五十余年。新中国成立后担任《新华字典》主编，为"汉字简化方案"制定者之一，主编《汉语成语小词典》。

魏建功的篆刻为他在语言文字学上的国际声誉所掩，海安张应和在《海安金石家介述》中重点介绍了魏的金石。

冰心

周作人

吴蔽芾

蔡竞平

钱夏玄同

中国哲学会章

结翰墨缘

新国文社（注音）

魏建功，刻印

1928年魏建功与金满权、台静农、庄尚严、常维钧在北京组织"圆台印社"，是中国早期重要印学社团之一。马叔平为导师。其后二十年，魏的金石誉满京城，经手刻有四百数十方印，有二百余方为文化界名流用印。有高校的专家学者，如蔡元培、陈衡恪、刘半农、冰心等。其中有他治印持赠，亦有向他索印。1937年七七事变，北大南迁，钱玄同因病不去，临别向魏索印，刻朱文楷书"钱夏玄同"，端庄凝练，恢复钱革命时用名。历史学家郑毅生赞他："其神清，其锋利。贞固其操，温其懿。致以激励其志。"冰心20世纪80年代对吴晓玲谈往事："魏先生是文学大师，他的治印不拘一格，富有书卷气。我那年从你手里义买了一方藤印，现在有人找我写点什么，我总是钤这方印，我喜欢它，也是怀念他。"

魏建功，书法

　　魏建功在西南联大为陈寅恪刻杖铭，陈晚年失明此杖不离身。又为郑毅生刻二杖，一曰"指挥若定"；一为"用之则行，舍则藏。"

　　魏建功存世篆刻著作，辑有《独后来堂印存》《义卖藤印存》《何必金玉印谱》《天行山鬼印蜕——魏建功印谱》等。其他著述本文略。

第四章　渔古存翰妙手春　静海刊石西山农

　　王海（1902—1976），近代书法篆刻家、刻碑专家、古籍修补专家。江苏南通北土山人。王海原名王有金，字嘉勋，自号西山老农，抗战后又号西农，以后遂以字号行世。

王海

1902年2月29日，王西农出生在南通城北钟秀山，后来行政区划分为闸东乡花垟村。年轻时在南大街状元阁印刷店、九华堂裱画店学徒。在学习和实践中，阅读了大量书画真迹、古籍文献，眼力逐渐成熟。后托人介绍，在海门张謇张氏祠堂修补家谱和古书；张謇去世，又应聘至习位思处修补古籍。在学徒和从业生涯中，他接触通城各界名流、书画艺术家；又经手大量古籍和地方资料，装裱拓碑刻碑和书法篆刻均相得益彰。他的治印尊古典雅，力避俗习，广受画人好评。

20世纪20、30年代内战战乱，通城杨元植，学业出于南通医校，走出学校从事古籍古玩经营，在南大街基督教堂北端开设"渔古书社"，收售古籍古玩，兼收刻印业务。西农与他为亲戚，杨元植让他做副手，杨外出做业务时，让西农代为掌柜，打理店铺。经营收购出售古籍旧书，字画文玩，来客和来友多为古籍行家、地方绅士、书画能手。西农先生在店接触广泛，阅历甚丰。杨元植精版本考据，熟诗词古文，兼金石书画。后来，30、40年代王西农在南大街刻印扬名，求者接踵而至，多有远地慕名而来寻访问印。

杨元植晚年患病，以二百大洋将店盘给了王西农。接盘后，王西农继续经营古籍字画，承接治印，与各地旧书店有经营往来。新中国成立之初，西农帮助北京中国书店、上海古籍书店代收旧书古籍和府县州志。为保护国家古籍，他向高校图博提供文献，做出贡献。

1956年南通市手工业合作化，王先生积极参与刻字合作社筹建，担任理事，将自己店内印章材料、古籍、文具悉数投资入社,把自己的印拓悬挂南大街总店,在社内从事金石刻印业务。

我进入刻字门市部时,西农先生年高手力偏侧,店中安排我跟先生学,每天为之磨石章,做协助工作。先生生性古怪,很少与同事多言,初期建社也不愿带徒。我常常在人少时向王老请教篆法,询问石材鉴别法,拿临习的隶篆作业请先生批改。王先生常有参考书和印拓相赠,先后得过《缪篆分韵》《六书通》《续三十五举》《西农印存》等书。

砚刻《西农印存》

王西农先生行事干脆,门市部有市俗顾客欣赏不了先生古朴仿古的印式,印有破边或封泥,他不与之多讲什么,当顾客面将印文磨去,嘱营业员退货款。顾客离后,他告诉我们:"龙眼识珠,凤眼识宝,牛眼只识稻草。"不懂金石的人,不要给他刻,立即退款走人。

当年,刻字社在一批生产队公章的任务压力下,日夜加班,西农作为理事带头加班,有些工人唱牌儿经,有室友建议王西农来段京戏,西农先生竟讲了一个"笑林"里的"张仁封"的故事,平时不多言,讲"肚皮蛋"的故事却体现了"老顽童"的幽默。

60年代,国家逢三年自然灾害,物资匮乏,西农先生找出艾绒、朱砂、蓖麻油,自制印泥放在柜上出售,满足印章爱好者的需要。还赠送我从古书残本上拆下来的书页连史纸,用来拓印。赠送我的印泥缸是只有蘑菇头大小的白瓷缸,令吾宝之。

三年自然灾害的困难岁月里,手工系统动员职工下乡,王西农因年老目力渐退,影响门市刻印指标的完成,毅然打报告退职，领了数百元解散费，回到北土山老家。

仅靠数百元退职费，过不多久，王西农和老伴生活渐渐困难，在大丰县的养子也没有经济能力接济他，一步棋走出，无法再回刻字社。此时由蔡观明、叶胥原介绍，1962年王西农作为临时工由南通市图书馆聘用，负责修补古籍、保管古籍书库。这项工作直做到先生去世。去世时，由市图书馆为他开追悼会。

王西农，刻印

王西农善篆隶，喜临娄寿碑、礼器碑，他早期治印偶尔有些如皋派风味，也仅一部分，多数作汉印和铁线篆。并能吸收包括吴派在内的时新流派。白文"西农篆刻"拟如皋黄经法，许多印胎息汉印、浙派、偶有金文。王西农所刻"百花齐放""老贫农""王树堂"等印，结构、刀法都有海派影响。先生谦虚敦厚，不求闻达，新中国成立初积极参加居民工作，在南大街任居民组长，任劳任怨义务为街道做居民工作。在刻字社担任特营行业的治保工作。60年代就加入江苏省书法印章研究会，经常参加市区美术书法联展。曾刻叶刚、曾南生二烈士名印，边款详刻烈士生平，按照江苏省书法印章研究会的任务，印章献给雨花台烈士纪念馆。

王西农有刻碑拓碑技艺，修补线装古籍技艺，懂中医中药，是从研究经典学习而成。壮年时患肝炎，自行治疗肝炎并根治不复发,是吃了自己收集的方子。王西农晚年赠吾印章、印泥缸、刻刀和工具书,是我的启蒙老师。他常年住在市图书馆的地下室,室四壁有装裱的康有为行书碑拓张贴观赏。《张謇未刊函稿》《张謇日记》《季自求日记》等,都经他那双长满老茧的手,装裱得整齐精致,列入古籍书架。

"文革"动乱,他早早关闭古籍书库,不让人轻易进出。他在那里大空场烧了一批旧书,事后我打听,他说象征性地烧了一批破旧的小人书,以掩红卫兵的耳目,他谨慎负责地保护了大批古籍没有遭受破坏。

20世纪70年代,上海、北京、扬州古旧书店多次来通收购,我告诉西老,上海来人收购《墨迹大成》《书苑》《昭和法帖大系》《南画大成》等书,他得知后赶往收购点,并汇报文化局和图书馆领导,终将这些善本追回,由南通市图书馆收藏,保证了南通地区的收藏、保护、研究的需要。

1975年,王西农因脑溢血谢世。他手头存的一些古籍留给南通市图书馆。他本人自行装订的《西农印存》一大厚册,存于南通市图书馆。

第五章　丹青铁书海外传　南洋风流徐天从

徐天从

徐天从(1903—1984),华侨教育家、建筑家、书法篆刻家。江苏南通人。原名徐民武,徐民,后改名徐天从,号秩公。

徐天从祖籍黑龙江宁古塔,满族正白旗人。先生一生从教,他与夫人徐潘学静,都是华侨教育家。徐天从精通诗书画印,年轻时就出版诗集。爱好书法篆刻,有传统功力，刻印运刀自如。他与名画家徐悲鸿有深交，在南洋时两家为邻居，相互往来，徐悲鸿也喜欢吃秩公夫人烧的菜。他们合作画作数十幅，在侨界艺术史上传为佳话。

光绪二十九年癸卯九月二十四日，徐天从生于南通。居住儒学巷三号。徐天从6岁读私塾，次年入小学。1916年以全市第一名考入南通师范，在校与老师徐一笙及诸同学一起创办新文学社，走上从教和文学创作之路。

1921年先生考入厦门大学社会科学系，继又入大夏大学。毕业后先后在北京师范、齐齐哈尔女师、厦门集美中学、山西大学教育学院任教。

1936年与妻子潘学静应聘去新加坡南洋女中任教，此年结识悲鸿，为近邻。徐悲鸿还介绍并资助他夫妇二人去巴黎学建筑艺术设计。欧战爆发，得天从复回新加坡任教，与侨首陈嘉庚也有联系。1947年归国在侨委会上海办事处工作，1952年回南通，在建设工程局设计室任建筑设计，为第二届南通市政协委员。晚年为侨联事业做了不少贡献。

徐天从，诗稿墨迹

新中国成立之初，他曾举家迁往杭州数年，饱览西湖盛景，在西泠印社等名胜逗留。20世纪80年代，徐老托女儿徐织带一把刻刀赠我。附一字条，备说此刀为吴昌硕刻刀，购于杭州。徐老与王先生相熟，因为我是王西农的学生，所以对我也以弟子待遇。我后来多次去节制闸新村看望他，他回忆王西农，与我谈及年轻时学印情况。1984年底我举办个人书展，筹展忙，匆匆寄一请柬到节制闸新村。不久收到徐潘学静老师贺函,信中说徐老师上半年已经仙逝,我如五雷轰顶,好容易与老师接上关系,竟失去良师的教诲,成了永别!

侨联张克俭帮助我找了一些徐老生平资料,2008年,我专门去华侨博物馆和市侨联寻找徐老师的资料;2011年,我将徐老照片和小传、宝刀陈列在城市绿谷篆刻阁展厅;2014年8月7日,各届师生包括新加坡、南洋各地

徐天从,著 《瘖父诗稿》书影

学校,校内同仁恭贺徐师母徐潘学静百岁诞辰。徐老师的女儿徐织特地赠我《九十年的回忆》,徐潘学静著,董桥作序,上海书店出版社出版。书中详尽回忆徐天从、徐潘学静在南洋办学,以及归国为祖国做贡献的事迹和家庭故事。另有一册《瘖父诗稿》,系徐秋公书画诗文遗作,也十分珍贵。

徐天从著作有《嫩江集》《瘖父诗稿》《木排架结构》《农村木结构建筑》等。

第六章 "篮菜图"国展殊荣 严敬子书画全能

严肃(1909—1949),书画篆刻家,江苏如东人。字敬仲,敬子,法号阿难。

严肃祖籍浙江余姚,迁如东已有五世。1909年,严肃生于如东县马塘。20世纪20年代,在唐闸敬孺学堂念书。成年后进唐闸复兴面粉厂任文书数年。喜欢国学,擅作诗篇,精于金石书画,对佛经、古琴亦深入研究。

20世纪40年代,与张大千、贺天健、邓怀农、王个簃交密,常合作为画,珠联璧合。

严肃

严肃,《篮菜图》

严肃的画题材多样,花卉、蔬果、禽兽、鱼虾、昆虫、山水、人物均能入画。他向王个簃学画。个簃要求他重师法,重造化。他禀性颖异,襟怀幽妙,学养精深,因而作画超逸空灵,自成一格。王个簃赋赠严敬子:"凿石披蹊径,临池适性天。清才今见得,瘖寐亦陶然!"1952年王个簃诗《题敬子遗作月季花》有句:"绵绵诗境随身瘦,点点花姿似血溅。"

1937年,严肃水墨画《篮菜图》中堂入展教育部第二次全国美术展览会,商务印书馆出版的《现代书画集》有收入。此图描绘自然清趣,折断之菜叶倾出框外,篮筐篮把率意用笔,充满生活情趣。

严肃的书法也是文人气质。严肃1946年写给王个簃的简牍(见附图),用笔潇洒,转折熟练,字势偏长,倚侧处笔随意行,尺幅虽小,别有天地。严之刻印,凝练脱俗,胎息传统又抒发个性。

1947年商务印书馆《中国美术年鉴》"严肃"条说:"擅长篆刻国画书法诗文。"严肃随邓怀农去沪,识贺天健、高尚之,受名家熏陶。到南方,亦与傅抱石合作山水。严敬子诗,有功力，与沪、通画友唱和。和贺天健、王启之、顾鼎和、梅兰芳、仇森之等都有诗文往来。他的诗歌，忧国忧民，有爱国思想，有对人生悲凉的沉闷。

严敬子曾从国学大师徐昂学习古文，他聪颖过人，范伯子夫人姚倚云也有诗赞此少年。抗战时，陈心园在南通将严肃介绍给仇森之。

南通画界前辈顾永恮、黄幼松、刘子美、丁红禅、高根深、陈曙亭、尤无曲、耿颂九都与严有交往。

民国35年（1946）严在沪上萃秀堂售画，在沪上很勤奋，作画过于频繁，以致

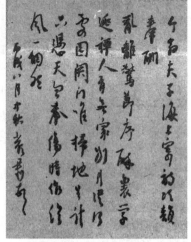

严肃，书法

严肃，刻印

积劳成疾。狼山茗一法师同情他，安排他在葵竹山房静养，不料至次年正月初二病故，时年四十一岁，未娶妻。人们对严肃早逝感到惋惜，多有悼念诗文。

严肃有兄严毅，字刚伯，新中国成立之初住西牛肉巷，亦能刻印。

第七章　铁画银钩英雄谱　丹青重彩师南田

鲍审（1911—1989，另有说法1913年生），现代书画篆刻家。江苏东台人，在南通居住和工作数年，字伯详。

鲍审

鲍审1911年10月14日出生东台县城内一书香之家，曾祖鲍声甫，书法家；祖父鲍赓培文养丰厚，工书善画；父鲍叔颜，教书，工诗书画。因之，鲍审6岁学书，受父亲严格教育。上学时，临写碑帖，字字逼真，达到一笔不苟。

　　读完初中，即以写字为生。抗战胜利后，汪湘纶邀请他到南通，在大达轮埠当文书。从此在南通工作和生活数年，退休后南通港务局仍留用他较长时间。

　　先生楷以九成宫为本色，亦涉及魏碑及篆隶，行草及圣教、十七帖，及颜三表，广临真草隶篆各种名帖。

鲍审，书法二幅

第四篇　宏观近代　印学昌明

"文革"之后,鲍在南通港务局任职工教师,从事工会宣传工作。在业务上多能书画印各画种为工会服务,并培养出许多书画印人才。

鲍审通古文诗词,善古体诗,与季滴蓓、叶胥原等十多名诗友组成诗社,他负责将诗作刻印蜡纸,印发社友。其诗多发表于卢心竹主编的《紫琅吟草》、盐城《湖海诗讯》和南京《江南诗词》。

鲍审14岁时学刻印,初宗浙派,亦涉徽派及近代诸家,刻印有秦汉架构,有吸纳近代思潮,披削自如,形成鲍氏个性。

先生绘画,渊于恽南田,没骨画法,善设重彩。家传牡丹画,墨笔牡丹,兼工带写,水墨浓淡浑然一体,枝叶伸展,人称鲍牡丹。

20世纪70年代,先生画梅花,画牡丹,设成图稿,嘱我用银杏板刻成印笺式,他将这些板赠卢心竹、仲贞子,嘱他们回赠数幅画给我。

鲍先生身材消瘦,亦喜抽烟,经常从南通港赶到南通市里会画友、文友,与苏北、苏南文友联系密切,有一定的

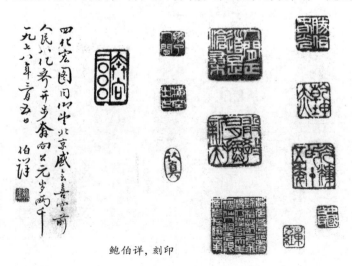

鲍伯详,刻印

活动能量。鲍审先生仿当年龙渊印社的雅集方式,与市内和邻市几位铁杆印人,组成了一个"阳春印课",方法是成员不定期活动,轮值的课主出一个本期题目,一朱一白二印,类似台湾印林的"每期竟刻园地"。比如"百花齐放,百家争鸣",各人不计形状,不限字体,各刻一朱一白二枚印,各自拓十数份交给值事课主,课主分寄各成员。首期由鲍先生出题,成员有鲍审、黄稚松、王树堂,市外有海安仲贞子、盐城虞山、无锡王能父。除了本市几位老先生,我也多次收得虞健闲先生、王能父先生的来函和印拓,受益匪浅。这项活动随着鲍审先生离开南通,印课未能再续。我至今铭记鲍审、黄稚松诸前辈对我的照拂。

鲍先生退休后,南通港务局留用了较长一段时期,直至20世纪80年代,他和同事季滴蓓都接通知,不再续用。此时,南通书画院正在筹建,但没有提名聘鲍审。一天下午鲍先生来到曹家巷我的门市部,带来一方大抄手端砚,一对大型象牙章料,嘱我售给文物商店。因当时没有其他收藏市场和商家,对我吩咐两件事。一是他回东台并赴老家上班的事不要外传;二是赠我四枚小鸡血留着纪念,要我多与他联系。当时我市书协尚未成立,我也没有能力帮忙让鲍老师留通,成为一憾。

先生返乡聘为东台工艺美术厂画师,在他的艺术人生的晚岁,又为东台培养了一批绘画和刻印人才。

1989年8月16日,鲍审先生因癌症病故,东台文联和其长子鲍临寿都发来讣告。逝世一周年时,东台举办纪念画展,我应邀寄去作品。

数年后,《中国书画报》有专版介绍鲍审书画印的成就。

1980年,鲍审将新中国成立后至1978年所刻印章一千六百枚,自行拓印装订为《鲍伯详印存》手拓本共一套二十二册,捐赠给南通市图书馆。鲍伯详先生的代表作《人民英雄名印谱》，1957年创作，曾手拓数册赠给他的学生，我有幸获一部，有先生亲笔题字。

鲍审为江苏省书法印章研究会会员、江苏省书法家协会会员，曾为南通市书法印章小组主要筹备成员。先生的著作有《书法漫谈》《治印琐言》《论书绝句》《甲骨文集联》《石鼓文集联》等，均为手稿本。

鲍伯详，刻《人民英雄名印谱》扉页

第八章　青春从艺选东浙　锐意创新陈浩然

陈浩然

陈浩然（说1912—1999，韩天衡；一说1911—1999），现代篆刻家，江苏启东人。字左夫，或署任白。

1912年11月23日，陈左夫生于江苏启东县新港，时值清朝末年，时局动荡。14岁以后，在海门、上海浦东求学，20世纪30年代，入复旦大学经济系，并选修文字学。毕业后在杭州工作。1945年秋调湖州，1949年任湖州中国银行行长，为湖州解放做出贡献。新中国成立后，任中国人民银行杭州市放贷股股长，后来在杭州四中、瑞金中学任教。

陈浩然在复旦求学时对篆刻感兴趣，受王福庵、齐白石、邓散木影响。习惯右手拿笔、左手执刀并站立刻印。

大学毕业至杭州谋生,结交许多印友。又游浙东、浙南、闽江,获产地大量印材。他通临秦汉明清,旁及大名家。1945年秋调湖州,当地"千闲草堂"藏千余汉魏六朝文字墓砖,观赏、临摹后大有启发,从此影响了他刻印的风尚,印风渐粗犷、奔放、刚拙。他不断思考,感到印人要有所为,需不与人同,开始创新、多变,自创面貌。他常将文字大幅度变化,方圆对峙,加粗加宽线条,强化粗细、宽窄的反差。朱文"金蛇狂舞",学邓散木,方圆相济,有动感;"惟留一湖水""翔于九天""龙潜于渊"都学粪翁,更粗犷;"二泉映月""山舞水笑人鸟歌"将汉简汉碑引入印章,不恶。大印"十八盘""风雨亭""雁荡人"诸印的个性发挥渐臻成熟。

他的印章有许多用粗线,有意行刀石缝破碎,代表其文字变体、白文夸张、朱文粘连的章法异化,风格强烈占多数,有另类之感。印如木刻,有刀味、木味、金石味。这种强烈的个性,评论界也有争论,如《江苏印人传》引用有关文章称:"……用篆不当,结体不够严谨,文字线条变形过度。"另外,他主张用简体字篆化来写印稿,亦涉及改变古人模式。陈左夫在印集自序中说:"艺术必须与时代同步,继承非复古,应该有取舍。"提出"篆书可以方写,今字也可以篆化"的口号。陈左夫治印的特点是三类创新文字的尝试和实践:一是篆字的砖化,二是简化汉字的篆化,三是汉简隶书的变体,人称"三

陈左夫,篆书书法一幅

合一"。

西泠印社篆刻委员会主任余正有文回忆:"浙江印学史是中国流派印学史的主干。同样,自"文革"后文艺复兴近40年来,浙江也是中国篆刻艺术发展的主干。左夫先生正是在这一特定的时空条件里,对当代中国印学的复苏与拓展有主要贡献的代表人物之一。"对陈左夫的创新和炽烈的创作激情公允肯定。

"文革"后百废俱兴,陈左夫参与或带头组织集体创作《中国农民革命印谱》《革命英雄印谱》《兰亭序印谱》《茅盾笔名印谱》等大型印谱。好友叶一苇说:"在杭州的篆刻家中,他篆刻的风格是独一无二的。""左夫的创新精神是难能可贵的。"陈左夫以满腔的热情和高产的作品贡献浙江印坛和中国印坛,他是一位创新的强者。

陈老长期居住湖州、杭州,视浙江为第二故乡,与吴越文化融为一体。但先生乡土情深,时常关心家乡启东的文化事业。20世纪80年代,他主动为启东文化馆刻印。"文革"之

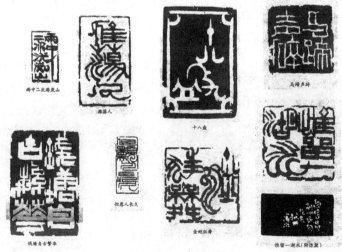

陈左夫,刻印

后,在阔别家乡数十年后回启东扫墓。90年代,热情接待自启东前往杭州解放路陈寓要求指导的青年印人;晚年多次将著作和篆刻资料寄往启东,分赠家乡印学新人。

在浙江省书协为陈左夫举办的八十寿诞庆典上,陈老深情地唱了一首《教我如何不想他》,他对家乡的无限思念尽在歌声中,赢得台下一片掌声。

陈左夫是西泠印社社员、中国书协会员、浙江省文史研究馆馆员、浙江省书法家协会顾问。代表作有《左夫刻印选集》,1990年出版。

第九章 岁月悠悠故乡月 铁笔铮铮翰墨情

陆行夫(1918—?),华侨书画篆刻家。江苏南通人。馆号听雨楼。

陆行夫自幼喜作画,孩提时作观音像,乡邻惊讶其绘画才能;6岁开始临书法,9岁学画,12岁开始学刻印。毕业于南京中央大学艺术系。曾拜名画家溥儒(溥心畬)学书画。1943年,离开家乡去海外谋生;1955年,定居新加坡,成为新加坡侨民。此时,与绘画大师张大千、刘海粟常交往,联系密切,与这些画家结为知己,并向他们学习绘画技巧。张大千乘船经过新加坡,必与陆相会,到时,陆行夫为张大千磨墨铺纸,他仔细看张大千作画,切磋画艺。他常与家乡来客谈论张大千对他在绘画事业的帮助,他与大千师生恩情深厚。

蛰居海外,陆行夫先后在新加坡、马来西亚、美国等多个国家举办个人书法展览,也包括举办专题性的马展、鱼展、龙展等画展,这些展览得到张大千、刘海粟、于右任、溥心畬诸名家题写会标或题词,题词有"胆大心细,行圆走方""刀笔追秦汉,多能旷世才""海外扬名称神工"等,大量鼓励和溢美之词，给行夫极大鼓舞，使他更加勤奋创作，画技也不断提高。

1988年，《中国画报》专题介绍陆行夫书画艺术。1950年，他在新加坡最繁华的邵氏大厦四楼，开设国泰古董文物画廊，店招为张大千题写。店内四壁挂满字画，有任伯年、吴昌硕等名家真迹，也有他自己画的奔马、游鱼、腾龙、墨竹等。柜台里放着各种印石，陆行夫捉刀数十年，其篆刻在新加坡享有盛名。曾为里根总统、伊丽莎白女王二世、英国撒切尔夫人、基辛格、李光耀、毕加索、前联合国秘书长华德汉博士、著名作家赛珍珠等名流治印。他还善撰写楹联，为人取名，书写招牌，工艺设计，广告策划，等等，以多种技能服务华人圈，为与各国各界交流服务做出贡献。他精力充沛，热衷金石书画。自己笑言："一年工作364天，只有初一给自己放假。"

他煞费苦心，积数十年钻研，整理出960个"龙"字，250个"虎"字，3420个"福"字，以此方便用于书法制作，并有专题书法展览面世。因此，他被公认为"星洲艺苑三绝"。1988年1月30日，在莱伊士城巨大的中央大厅，他当众挥毫，既书又画，场内5000位嘉宾观赏，15家报刊报道，为东南亚奇观。先生淡于名利，虚怀若谷，常说："学到老，学不了。"

1993年陆行夫写信给画家沈启鹏，回顾说："1943年春天随家兄离乡，匆匆一别整整50年，岁月悠悠如同隔世。月是故乡明，水是故乡甜。"陆先生身在海外，时刻想念家乡，祈祷祖国繁荣昌盛。

陆行夫的著作有《听雨楼百美图谱》《中国古代美人发饰》《听雨楼戏剧鞋帽》等。

第十章　三渡扶桑传书艺　诗书画印多文采

仲贞子

仲贞子（1918—2008），书法篆刻家，西泠印社社员。江苏海安人，名谅，字贞子，号一庵，馆号春雨庐。

仲贞子1918年2月出生于江苏省海安县西场镇一个文化之家，仲贞子之父仲蔼人，宣统二年（1910）毕业于南京两江师范学堂，后受聘为如皋师范图画手工教师。仲贞子兄仲许，任无锡市文联副主席等多个职务。

仲贞子12岁时作檗窠大书，以碑体为宗。19岁入上海美专，师从谢公展、王个簃、任声远、陆抑飞、诸乐三等大师。同时，随马公愚学书法，向李健学篆刻。

新中国成立后，先生从事教育，在海安县西场中学任教。

海安是一个文化古邑，范氏、仲氏、魏氏是西场大户，仲贞子颇有活动能量。20世纪60年代，我在市区东公园旁卜秋鸿宅见仲为费范九刻印拓片，当时仲40岁左右，印文尚稚嫩，但可见他已在与南通一些文人尝试交往。70年代鲍伯详等人发起"阳春印课"，也有他参加，与南通有所联系。

清代海安李堡丁家所出了乔林，是如皋派重要人物。如皋派殿军人物黄楚桥有知名印谱《历朝史印》。印谱中的原石在战乱中多毁于兵火或散失。仲贞子有心收集如皋派印石，获得《历朝史印》中的原石十多枚，劫后余生。仲贞子的一些印章，有如皋派的遗风。白文"八十年代""扫除旧习"的疏朗，朱文印的大篆制式，"左岸顶西风"的古文，都折射出如皋派的元素。

仲贞子，刻印　　仲贞子，国画《墨荷》　仲贞子，篆书《枫桥夜泊》

　　他后期的一些印作，又多喜用赵古泥、邓散木章法，但入印文字喜用如皋派常用的古文。刻印喜冲刀，线条比较光洁，顿挫和斑驳不够，如"实事求是""埋头苦干""老丁""一行"等。

　　仲贞子刻印多产，因交往需要，为省市一大批领导和文化干部刻了许多名章，也为许多有交往的书画家、画院成员刻印，积存了大量印拓。印章在汉印、甲骨、简化字诸方面多有涉猎。无论朱文、白文，其印文都与他平时的篆文书法极似，也算是"印从书出"吧。

　　1952年，刻有"毛泽东词，沁园春·雪"印谱，用不同规格和形状的二十七枚石块刻成，有金文、汉白、封泥、界线多种形式。他将印谱拓印寄呈毛主席，收到秘书厅复函。一炮打响，他以"沁园春"为代表作，在许多报刊发表。1981年刻伟人印谱献给中国历史博物馆。这个思路是他看到市区青年作者的《革命家印谱》得到启示选刻的。他抓住时政主题，获得多次成功。

1997年香港回归，他立刻制"香港风光"，1999年澳门回归，他同样赶刻"澳门风光"。这样，取得一次次的成功。

对各地碑林、碑刻、纪念地刻碑，他也及时应征，速度和产量惊人，提高了知名度。

在江苏省书协成立后，通过省文联、省友协安排，他于1987年、1993年多次访日，并刻有"三访扶桑"的大印，以记其盛。

有了这些成绩和名气，他任教的西场中学建立"仲贞子艺术馆"，他受聘担任仲贞子艺术馆名誉馆长，学校将建馆作为弘扬海安书法艺术的场地，获得双赢。

1997年，在江苏省文联李俊等推荐下，仲贞子加入西泠印社，当时，是唯一定居在南通地区的西泠印社成员。

仲贞子的著作有《仲贞子书画篆刻选》《仲贞子诗稿》《刻印门径》。

《仲贞子诗书画篆刻选》书影

第十一章　岔南建馆乡土情　刀痕石韵忆涤生

汤成沅（1919—2011），华侨篆刻家。江苏如东人。汤成沅，又名涤生、涤翁，号双枫居、白石斋主人。

汤成沅1919年11月27日生于江苏如东县岔南汤墩村，娶

汤成沅

妻陈一聪,安徽安庆人。汤成沅弱冠学篆刻,初始多制元朱文,渐渐对端庄粗线条的汉印白文有兴趣。

1945年汤成沅从国立社会教育学院毕业,获学士学位。1948年由南京赴台湾,从事文教工作,此时一直没有间断篆刻创作;1957年创立台湾维新书局,任总编辑。在台湾,与李大木、张心白、梁乃予、吴堪白、王壮为等常在一起交流书艺印艺、诗文唱和,推动了台湾篆刻艺术的繁荣。为了在展赛、出版、交流、篆刻教育诸方面规范发展,他与众友商议,决定筹建专业社团,取名"海峤印集"。汤成沅还与王北岳、苏友泉共同创办台湾地区唯一的专业性篆刻期刊《印林》双月刊,这是台湾和海内外华人篆刻家研究和创作的重要阵地,在海内外影响深远。

汤成沅镌有六十方《涤生纪年印》,以干支纪年记载生活、工作、创作历程,具有史料性和艺术性;形状多种,用铁线、汉印、金文多种文字,边款记述经历或家事,印谱曾在《印林》发表。

汤成沅喜刻长款寄托情愫,并借此怀念海峡对面的父母。他选购一批泰来石片,用一年半之久,选刻《唐诗三百首》的诗句,共八千余字,这些印作由台湾维新书局出版。

1983年6月,汤成沅移居美国洛杉矶,居住了十多年,仍痴情篆刻,不倦不怠。1985年,为旧作《涤生纪年印》增刻十方补充,汇成《涤生纪年印存》,由台北书局出版。1987年他年已古稀,编《汤涤生肖形印谱》,共144页,集印二百二十八方,台湾大学教务长题字,旅美侨胞吴俊升题诗:"相从总角涤生翁,金石书法两俱工,域外重逢怀往事,万千感慨话如东。"这批肖形印,动物以十二生肖为主,人物多为佛像,粗犷洗练,刻意求新,突出了图像的神态意趣。

汤成沅有干支生肖印十二方印拓寄山东《齐鲁乡情》杂

志发表。有印拓在洛杉矶"纪念孙中山诞辰美术展览会"展出。1995年12月,篆刻参加"第24届日本名人画展",获颁大奖。1996年底,作品参加"南加州华人美术学会10周年美术展览会",获学会优等奖。1997年7月1日,他的一幅篆刻印屏参加南通市委宣传部、统战部、文化局、文联主办的"迎香港回归祖国南通书法大展",体现了先生爱国爱乡的精神。

汤涤生,刻 《十二生肖印拓》

汤先生在篆刻创作和研究中,感到篆文工具书在海外读者群中的需要,于是耗时四年,将《说文解字》剪成字卡,按《康熙字典》的部首为序分类,全书收金石文字比较全面,增添殷墟甲骨文,总计9353字,编成字形有依据、又方便检索查阅的工具书,名为《金石字典》。此书在台湾维新书局出版;1995年北京中国书店再版;港台地区及海外各大书店发售,嘉惠印林。

1997年12月,洛杉矶长青文化沙龙举行了《汤涤翁八十留痕印谱》新书发表会。

汤先生在海外漂泊50年,1983年9月飞回故乡,后来又回乡并在老家建金石纪念堂,将一生大部分艺术作品设馆收藏。1997年11月8日,"汤氏金石纪念馆"在汤墩村开馆,陈设在汤氏农舍二楼,有数十方印,还有诗文、著作、金石拓片。汤成沅把艺术之"根"留在了家乡如东。

汤涤生，编《金石字典》书影　　汤涤生《汤氏执中堂家族年谱》扉页

汤成沅的著作有《金石字典》《涤翁八十留痕印谱》《涤生纪年印存》《肖形印谱》《石刻唐诗三百首》《涤生生活记趣诗文集》等。

第十二章　茶余戏考丹青考　酒后绘声金石声

汤正幅

汤正幅（1920—2002），书画篆刻家，江苏如皋人。名意工，字正幅，馆号锦霜楼。

汤意工是一位隐居乡里的艺术家，如皋地方报刊上曾撰文描述，称他为"四全老人"。汤老喜吟诗，精绘画，能治印，善书法，四艺皆精，乃金石诗书画通才。他生性耿介，外冷内热，疾恶如仇。当年曾遭不公正对待，身陷囹圄，一度生活颠簸。在先生晚岁,迎来百花的春天,落实相关政策,也仅获每月领取民政局数百元退休金度日,可谓一生清贫。可是,他爱艺术的豪情一直不减,行文握笔的双手终年技痒。汤正幅以其技艺和睿智,不问逆境顺境,坚守艺术家园,创作了大量金石诗书画佳作,享誉乡里。

汤正幅毕业于上海美专,受过刘海粟等多位艺术大师的教导。新中国成立后,他从事中学教育,先后在如皋中学、平潮中学执教。

汤正幅之画笔墨淋漓,充满生活情趣;枝繁花盛,还有飞鸟啄趣,栩栩如生,充满生机,寄托了作者对生活的赞颂、对家园的热爱。他的艺术观反映在许多绘画的长篇题识之中,更多有即兴作诗,充满诗情画意。不拘一格的潇洒书法题识,增添了画面的动感和生机。

汤正幅的书法,以行草和古隶见长。隶书临张迁、石门,并融入泰山石刻等秦篆笔法,亦受清书家伊秉绶启示,隶书质朴多姿,雄威率意;篆书亦圆转挥洒,铁画银钩。最是先生的行草诗篇,多为自作诗,间有唐诗名篇,字体似碑似帖,笔意夹篆夹隶,行列无序有序,笔触顿挫游丝,张力和夸大,诗意书情,尽在笔墨之中。1986年,他自撰自书的《茶余戏考,酒后弦声》一幅书法,获全国离退休老同志书法大赛一等奖。

"文革"之后,政策落实,汤正幅的境遇有所改善,创作热

汤意工,画《墨荷》

情更为高涨。当时地方书画圈尚有门户倾向,先生对不良现象依然深恶痛绝,不与同流,他每次来通多来我家一坐,谈创作见解,对不良书风多有指责,甚至不愿参加那一类的征稿。有些省展赛事,他则直接让我代送。

地市合并之初,我因主持书协会务,汤老是我接待县区作者中来往最密切者。他常夹着青布拎袋,风尘仆仆来到田家巷万卷堂,每每促膝交谈大半天;平日亦常收到他的诗稿手迹,让我分享诗中乐趣,我们成了亦师亦友的忘年交,他曾多次邀我去如皋百岁巷作客。

1983年江苏省书协筹备"江苏省名胜古迹篆刻展览",王一羽老师让我主持南通组稿,去函汤老师,他很快寄来"安定书院"等二印拓片,包括边款,一式三份,用连史纸精拓。此印纪念大教育家胡瑗,先生的长款刻:"东皋城北有安定书院乃宋理学家胡瑗讲学处,一九八三年八月汤正幅并记",我至今保存此拓片。

汤意工,书法

汤意工,刻印

汤正幅的篆刻风格独特,存世印作以白文为多。白文"一丘一壑"刊于《解放日报》,白文字画对角呼应,刀功劲挺,收笔略为圆转,边饰残破,朱白分明,实为佳构。

如皋市书协刘翔曾存有汤老名片,背面为大型白文印"淮南江左海西人",这是一方乡里地方名印,系从前人"家住淮南江北海西头"一印引申，为其所用。白文横线条刀法夸张，平稳而粗犷，参差而灵动，与齐白石、邓散木之外，更为多变。包括前一方印"安定书院"，均有倚侧扭动之势，展示汤意工印从书出之个人特色。

先生晚年，老而弥笃，创作勤奋，常常将即兴的书法、精致的印拓、朗口的诗歌带去《如皋市报》编辑部投稿，也常有机会与报社老友谈艺叙旧。对青年新秀也悉心指点，毫不保留。当年陈秀骥、闵杰、杨久祥、刘翔都有机会时常请益。20世纪80年代，汤老在县文联笔会上带头开笔，只见他心定神宽，提腕舒毫，一会儿工夫，于四尺整宣上书写"雪泥鸿爪"四个大字，隶中带篆，亦有行书的行云流水法，满座称妙。

汤正幅常对他的学生讲："有人是以名传世，有人是以作品传世。"他以精湛多彩的作品说话，以创作的真正实力折服世人。先生去世后，他的学生陈秀骥以工整的书体为老师书写碑文，隆重追念。

书友杨久祥引用古人说法："上士忘名，中士立名，下士窃名"，我以为汤正幅先生的艺术造诣和人格魅力，立于上上，当之无愧。

附录一

南通印学年表

明代

1581　万历九年　辛巳　邵潜生

1605　万历三十三年　乙巳　程邃生（柴子英说）
　　　　　（1607年生　韩天衡说）

1611　万历三十九年　辛亥　冒襄生（郭味蕖说）

1612　万历四十年　壬子　周亮工生

1619　万历四十七　己未　黄经生

1621　天启元年　辛酉　戴本孝生
　　　邵潜辑自刻印成《皇明印史》四卷

1634　崇祯七年　甲戌　王士禛生（柴子英说）

1635　崇祯八年　乙亥　许容生（韩天衡说）

1641　崇祯十四年　辛巳　邵潜此后迁居如皋
　　　程邃客秣陵僧舍作仿黄子久深岩飞瀑图

清代

1644　顺治元年　甲申　李潜昭隐居黄子湖野牛湾，
　　　足不入城市

1645　顺治二年　乙酉　邵潜著《州乘资》四卷

1649　顺治六年　己丑　许容生（刘聪泉说）

1650　顺治七年　庚寅　童昌龄生
　　　许容生（柴子英说、刘江说）

1652　顺治九年　壬辰　程邃为杜濬刻"竹楼"
　　　（韩天衡说）

1657　顺治十四年　丁酉　戴本孝定居南京
1659　顺治十六年　己亥　程邃避兵于徐尧章家
1660　顺治十七年　庚子　黄经同周亮工在系所,刻
　　　"又活一日"赠周亮工,后获释刻"勿忘此日"
　　　赠周亮工(见"赖古堂印谱",柴子英说)
1661　顺治十八年　辛丑　黄经辑自刻印成
　　　《黄济叔印谱》(韩天衡说)
1662　康熙元年　壬寅　黄经访周亮工,住月余别去
　　　在延陵季家(疑沧苇家)席间病作猝卒(?)
1663　康熙二年　癸卯　戴本孝为冒襄刻六面印
　　　程邃刻"一身诗酒债,千里云水情"(韩天衡说)
1665　康熙四年　乙巳　邵潜卒(柴子英说、韩天衡说)
1669　康熙八年　己酉　黄经卒(《印人传》称1670年卒)
1674　康熙十三年　甲寅　许容辑自刻印成
　　　《许默公印谱》一册(韩天衡说)
1675　康熙十四年　乙卯　许容撰《说篆》一卷
　　　(韩天衡说)童昌龄辑自刻印成《史印》一册
　　　(韩天衡说:1678年辑《史印》)
1678　康熙十七年　戊午　童昌龄自刻《史印》成书
　　　(韩天衡说)
1680　康熙十九年　庚申　许容为胡介祉刻
　　　《谷园印谱》　四卷成书
1682　康熙二十一年　壬戌　丁有煜生
1683　康熙二十二年　癸亥　许容为官入闽,输饷遭
　　　凡覆舟,挂吏议
1685　康熙二十四年　乙丑　沈凤生
　　　许容输饷覆舟事始白,无复宦情
1686　康熙二十五年　丙寅
　　　胡介祉辑许容刻印成《谷园印谱》

　　　　　　有四册本、六册本、九册本（韩天衡说）
　　　　　　许容续为胡介祉刻《谷园印谱》二册成书
1687　　康熙二十六年　丁卯　程邃刻"寻孔颜乐处"
1689　　康熙二十八年　己巳　许容辑自刻印成《韫光楼印谱》二册，生平尚辑有《印略》及《印鉴》四册；许容刻"小长芦钓鱼师"，识（边款）："勒于燕山之韫光楼"(韩天衡说)
1691　　康熙三十年　辛未　程邃卒，戴本孝尚在世
1692　　康熙三十一年　壬申　许容刻"冒嘉穗印"六面印
1693　　康熙三十二年　癸酉　戴本孝卒（韩天衡说）
　　　　　　冒襄卒（郭味蕖说）　许容刻"玉山"六面印
　　　　　　许容为胡介祉三刻《谷园印谱》，时在胡介祉开封官署。越续刻又七年，许容年已望五十
　　　　　　许容著有"说篆"，无年月可考，且系于此
1695　　康熙三十四年　乙亥　李方膺生（郭味蕖说，另说为1697年生）
1696　　康熙三十五年　丙子　许容卒（韩天衡说），许之男墨迹题许容自存印稿绢本三开
1708　　康熙四十七年　戊子　童昌龄辑自刻印成《韵言篆略》一册，过主南京（韩天衡说）　童并刻《史印》载何亮功（次德）序，成书当早于此卷（柴子英说）
1714　　康熙五十三年 甲午 沈凤刻"纸窗竹屋灯火青荧"，沈凤辑自刻印成《谦斋印谱》四册二卷（韩天衡说）
1717　　康熙五十六年　丁酉　汪之珩生
1718　　康熙五十七年　戊戌　项述怀生
　　　　　　童昌龄刻"柴门老　树村"（韩天衡说）
1725　　雍正三年　乙巳　程瑶田生（韩天衡说；柴子英说）

1728	雍正六年	戊申	沈凤重辑自刻印成《谦斋印谱》二册（韩天衡说）
1731	雍正九年	辛亥	乔林生
1736	乾隆元年	丙辰	潘西凤生
1737	乾隆二年	丁巳	沈凤授江宁南捕通判 李荣曾辑自刻印成《耕先印谱》一册
1750	乾隆十五年	庚午	汪启淑撰《飞鸿堂印人传》八卷，南通印人列入
1753	乾隆十八年	癸酉	沈凤重辑自刻印成《谦斋印谱》二册
1755	乾隆二十年	乙亥	钱坫生 沈凤卒
1756	乾隆二十一年	丙子	潘西凤刻"画禅"竹根印
1757	乾隆二十二年	丁丑	沈凤卒（韩天衡说）
1762	乾隆二十七年	壬午	黄楚桥生（韩天衡说）
1764	乾隆二十九	甲申	丁有煜卒
1765	乾隆三十年	乙酉	冯云鹏生
1766	乾隆三十一年	丙戌	汪之珩卒
1770	乾隆三十六年	辛卯	程瑶田至京应试张若淮延课诸子
1778	乾隆四十三年	戊戌	乔林刻"人事多所不通,惟酷好学问文章"（韩天衡说）
1779	乾隆四十四年	己亥	冯云鹓生
1786	乾隆五十一年	丙午	吴叔元卒 陈克恕著《篆刻针度》书目载有《许实夫印略印鉴谷园印谱韫光楼印谱》
1787	乾隆五十二年	丁未	项述怀卒
1788	乾隆五十三年	戊申	程瑶田选授江苏嘉定教谕 李荣曾辑自刻印成《耕先印谱》一册
1792	乾隆五十七年	壬子	黄楚桥辑自刻印成《黄

楚桥印稿》二卷

1795　乾隆六十年　乙卯　潘西凤卒

1796　嘉庆元年　丙辰　程瑶田举孝廉方正

1797　嘉庆二年　丁巳　黄楚桥辑自刻印成《历朝史印》五册十卷（柴子英说　六册）

1800　嘉庆五年　庚申　黄楚桥刻"杨印述曾"

1806　嘉庆十一年　丙寅　钱坫卒

1808　嘉庆十三年　戊辰　黄楚桥刻"仲山朱玮石父"

1812　嘉庆十七年　壬申　王宇春辑自刻印成《三砚斋印谱》六册成书

1814　嘉庆十九年　甲戌　程瑶田卒　年九十　华克昌辑许容　刻印成《谷园印存》一册

1816　嘉庆二十一年　丙子　黄楚桥刻"大富贵亦寿考"

1818　嘉庆二十三年　戊寅　王俊生

1824　道光四年　甲申　程芝华摹程邃、汪肇漋、巴慰祖、胡唐刻印成《古蜗篆居印述》四卷

1826　道光六年　丙戌　徐三庚生　黄楚桥辑自刻印成《楚桥印稿》四册，亦名《黄楚桥印稿》冯云鹏之子燨，字炳乾，为进士，承家学。王宇春（宗翰）辑　自刻印成《三砚斋金石编》六册（韩天衡说）

1827　道光七年　丁亥　徐三庚生（另一说）黄楚桥辑自刻印成《历朝史印》重订本

1828　道光八年　戊子　王宇春辑自刻印成《三砚斋金石编》十册

1830　道光十年　庚寅　黄楚桥撰《东皋印人传》二卷一册、汪氏文园刻本（韩天衡说）

1834　道光十四年　甲午　汤徽典辑自刻印成《亦庐余事》四册

1835　道光十五年　乙未　李恩绶生　冯云鹏卒
1837　道光十七年　丁酉　黄楚桥卒（一说1840）
　　　《东皋印人传》楚桥书屋本成书
1840　道光二十年　庚子　顾湘辑《篆学琐著》全十二册，凡三十种，第十四种为许容撰《说篆》
　　　黄楚桥为达人刻"二十八宿罗心胸"五面印
1844　道光二十四年　甲辰　吴昌硕生
1845　道光二十五年　乙巳　沈裕本辑黄经刻印成《黄济叔印存》剪贴装裱本一册，此册今藏西泠印社
1846　道光二十六年　丙午　汤徽典卒
　　　冯云鹏临峋嵝碑刻成，置狼山山顶大门旁
1849　道光二十九年　己酉　葛桐（青伯）生
1853　咸丰三年　癸丑　张謇生
1857　咸丰七年　丁巳　童晏生　冯云鹓卒
1865　同治四年　乙丑　丁二仲生
1871　同治十年　辛未　马久襄生
1873　同治十二年　癸酉　冒广生生
1874　同治十三年　甲戌　童大年生（韩天衡说1873）
　　　赵宗抃生
1876　光绪二年　丙子　陈师曾生
1877　光绪三年　丁丑　李苦李生
1881　光绪七年　辛巳　赵宗抃（悔庵）生（韩天衡说）
1882　光绪八年　壬午　黄七五生
1883　光绪九年　癸未
　　　崇川徐氏辑《玉连环室印存》四册
1884　光绪十年　甲申　葛桐卒
1885　光绪十一年　乙酉　吴东迈生
1886　光绪十二年　丙戌　童晏辑摹刻何震《七十二侯

印谱》二册（原本为伪印） 季光鑑生

1887　光绪十三年　丁亥　费范九生

1889　光绪十五年　己丑　吴隐辑吴昌硕刻印成《缶庐印存》一集四册

1890　光绪十六年　庚寅　徐三庚卒　生前辑自刻印成《似鱼室印谱》

1891　光绪十七年　辛卯　王俊卒　程邃辑自刻印成《垢道人仿古印存》一册

1892　光绪十八年　壬辰　林志钧生

1893　光绪十九年　癸巳　童晏辑自刻印成《瓦当印谱》一册

1894　光绪二十年　甲午　蔡达生　冒广生成举人　张謇中状元

1895　光绪二十一年　乙未　童晏刻"怡怡室"

1897　光绪二十三年　丁酉　王个簃生

1898　光绪二十四年　戊戌　盛树人生　刘宗生　王琛辑叶鸿瀚、丁二仲刻印成《半舫印存》一册

1899　光绪二十五年　己亥　尤其伟生

1900　光绪二十六年　庚子　达展云生　王贯三生

1901　光绪二十七年　辛丑　魏建功生　陈曙亭生　季光卒

1902　光绪鑑十八年　壬寅　王西农生　童晏卒

1903　光绪二十九年　癸卯　刘伯年生　徐天从生

1904　光绪三十年　甲辰　仇淼之生　吴隐、丁仁、王褆、叶铭于孤山创立西泠印社

1906　光绪三十二年　丙午　张永定生

1907　光绪三十三年　丁未　丁吉甫生　李苦李娶江宁张雪晴为妻

1908　光绪三十四年　戊申　杨泽章生

1909　宣统元年　己酉　严肃生　姚纪为陈师曾刻"能亦丑"

1910　宣统二年　庚戌　尤无曲生　尤其彬生　赵仲希生　黄稚松生　西泠印社出版《印人传》《续印人传》，叶铭撰《再续印人小传》三卷，补遗一卷，诸书均收录南通印人

1911　宣统三年　辛亥　陈左夫生（？）　黄幼松生　鲍伯详生　李恩绶卒　叶铭撰《广印人传》四册十七卷，收录南通印人

民国

1912　民国元年　壬子　陈左夫生　达云万生　李苦李为李叔同刻"李息息霜"

1913　民国二年　癸丑　严肃生　任善明生　梁明晖生　曹简楼生　马长啸生　吴昌硕任西泠印社首任社长

1914　民国三年　甲寅　吴昌硕撰"西泠印社记"　童大年刻"葛楠之印"

1915　民国四年　乙卯　冒广生辑明清印人印作及吴木戊印作成《疢斋藏印》四册

1916　民国五年　丙辰　陈师曾刻"俟堂"

1917　民国六年　丁巳　陈师曾刻"守骏莫若跛"　陈师曾书、张樾丞刻"会稽周氏藏本""俟堂石墨"两方木质章　童大年刻"陈敬弟印"

1918　民国七年　戊午　陆行夫生　仲贞子生　陈师曾刻"有好都能累此生"

1919　民国八年　己未　汤成沅生　陈师曾为王国维刻"寒匏簃"

1902　民国九年　庚申　吴长邺生　汤意工生

1921　民国十年　辛酉　戚豫章生　丁二仲刻"孝谷过眼"　童大年刻"叔通印信""幸梅书屋"

1922　民国十一年　壬戌　陈师曾刻"槐堂女弟子"　陈师曾著《中国绘画史》《中国文人画之研究》　黄楚桥刻《历朝史印》石印本出版

1923　民国十二年　癸亥　陈师曾卒　王公助生　苏涧宽辑　自刻印成《太上感应篇印谱》一册，张謇题写书名

1924　民国十三年　甲子　李伏雨生　李苦李刻"李祯印""印起楼"　王个簃撰《个簃印悄》　姚华、张恬编《染仓室印存》八卷

1926　民国十五年　丙寅　张謇卒　童大年刻"阳遂轩"

1927　民国十六年　丁卯　吴昌硕卒，葬杭州超山　吴涵卒　李苦李刻"大无畏"

1928　民国十七年　戊辰　郁重今生

1929　民国十八年　己巳　李苦李卒

1933　民国二十二年　癸酉　丁二仲刻"张楠长寿"

1934　民国二十三年　甲戌　上海西泠印社辑《现代篆刻》一至九集，其中第八集为《童心庵印存》

1935　民国二十四年　乙亥　丁二仲卒，生平辑有《潞河丁二仲印存》一册，亦名《十七树梅花山馆印存》　张永定卒

1936　民国二十五年　丙子　王瀣辑陈师曾刻印成《染仓室印存》四册　丁吉甫在上海美专毕业

1937　民国二十六年　丁丑　西泠印社出版《东皋印人传》排印本　马长啸在上海美专毕业

1938　民国二十七年　戊寅　陈师曾《槐堂摹印浅说》出版　时人辑陈师曾《槐堂爪痕》一册成书

1941　民国三十年　辛巳　尤无曲画展在北京中山公园

	展出，齐白石为之订"润格"
1942	民国三十一年　壬午　王树堂生
1944	民国三十三年　甲申　杨泽章卒　童大年辑自刻印成《童子雕篆》四册（柴子英说为1943年）
1945	民国三十四年　乙酉　王冬龄生
1946	民国三十五年　丙戌　仇淼之卒　马长啸编自刻印为《马谦印存》
1947	民国三十六年　丁亥　赵宗抃卒

新中国

1949	己丑　严肃卒
1953	童大年卒（韩天衡说）
1954	童大年卒（柴子英说）　刘宗卒　马久襄卒
1955	童大年卒（？）生前辑自刻印成《依古庐篆痕》
1956	吴承斌生
1958	黄连萍生
1959	冒广生卒
1960	朱敏生　达展云卒
1962	台湾出版陈师曾撰《槐堂摹印浅说》一册
1963	许雄志生　吴东迈卒　西泠印社恢复活动
1964	李夏荣生　黄七五卒
1965	蔡毅强生　尤其彬卒
1966	杨谔生
1967	丘石生　任善铭卒
1968	蔡显良生　费范九卒　尤其伟卒
1970	罗荣生　石剑波生　蔡达卒（徐志楠说1972年）
1971	周时君生　林志钧卒
1975	王西农卒
1976	荣宝斋辑郁重今刻印成《鲁迅笔名印谱》一册，

平装、线装二种

1977　《书法》创刊　台湾《篆刻》年刊出版　《明清印人传》出版

1978　黄幼松卒　南通书法国画院成立，聘尤无曲、顾云璈、刘嵩樵等三人为画师

1979　西泠印社召开纪念建社七十五周年大会，会上王个簃当选为副社长　《书法研究》创刊，创刊号刊登丁吉甫撰《漫谈印章》一文

1980　魏建功卒　陈曙亭卒　《杭州篆刻》创刊　方去疾编《明清篆刻流派印谱》，收有南通印人作品　丁吉甫编辑《现代印章选集》一册出版　鲍审将手拓　自刻印《鲍伯详印存》二十二册捐赠南通市图书馆　《南通报》刊登王树堂撰文《南通篆刻史话》

1981　《中国书法》创刊　上海人民美术出版社出版俞剑华著《陈师曾》

1982—1983　南通人民广播电台播放王树堂撰写的《南通篆刻艺术介绍》的系列文章，分别介绍黄楚桥、许容、童昌龄、乔林、陈师曾，并在《南通广播电视》上刊登内容提要和节目预告、印章图例　西泠印社辑，王个簃刻印成《个簃印集》一册出版

1983　王树堂论文《如皋印派的兴起和衰退》入选"当代印学讨论会"　由中国书协、哈尔滨书协主办《西泠艺丛七》刊登李苦李篆刻专辑　南通市文联主办"丁吉甫书画篆刻展览"　中国书店翻印出版《篆学丛书》二册，收录有许容撰《说篆》

1984　丁吉甫卒　徐天从卒　上海书画出版社编印《现代篆刻选辑五》收丁二仲、陈师曾、谢光三

人刻印成书　淡远印社成立　南通市文联主办"黄稚松李巽仪书画篆刻展览"

1985　南通市图书馆影印明版邵潜《州乘资》一册出版　韩天衡编订《历代印学论文选》二册出版,此书收有许容、沈裕本、沈凤、邵潜、童昌龄、黄济叔、王个簃的有关印论　汤成沅刻《汤涤生纪年印存》一册出版

1986　王冬龄著《书法艺术》由浙江美术学院出版社出版　淡远印社举办"桃李芬芳篆刻展览",黄惇题写会标　王树堂当选江苏省书法家协会二届理事　《如皋文史资料二》刊登王树堂撰文《浅谈明清时期如皋金石篆刻》　南通印社成立

1987　王个簃撰文《吴昌硕先生史实考订》　柴子英撰《印学年表》　王冬龄撰《篆刻与碑文》　王树堂撰《如皋印派的兴起与衰退》,分别入编《当代印学论文选》由辽宁美术出版社出版和《江苏省书学论文集》江苏省书协编印　南通市美协、市画院举办"尤无曲画展"

1988　王个簃卒　荣宝斋出版《陈师曾印谱》一册,此书原名《染仓室印存》

1989　鲍伯详卒　10月5日个簃艺术馆建成开馆　福建美术出版社出版《王个簃霜荼阁诗》二册　丁吉甫生前刻印《丁吉甫印选》一册出版,学生韩天衡作序　西泠印社等社团主办"全国印社篆刻联展",入展122家印社,其中包括淡远印社　《淡远印社》社刊创刊,刊登王树堂撰《淡远印社记》　刘正成主编《中国书法鉴赏大辞典》,入编王树堂撰黄经、许容、童昌龄、乔林、黄楚桥等辞条

1990　刘伯年卒　南通市文化局编印《已故名人传略（一）》收入王树堂撰文"王西农传略"　陈寿荣、刘云鹤编《现代印选》由西泠印社出版，南通印人入编　南通市书协主办"王树堂书法篆刻展览"

1991　赵仲希卒　书学研究所主编《中国书法今鉴》南通印人入选　吴颐人著《篆刻法》出版，书中介绍许容、淡远印社等　台湾《铁书（三）》刊登苏友泉撰文《博学热忱的王树堂》

1992　沈沉编《当代篆刻家大辞典》南通印人入编　黄婉等主编《黄氏三松堂艺概》内部出版

1993　达云万卒　王树堂小传入编《中国美术年鉴》《中国书法今鉴》《中国印学年鉴》

1994　黄稚松卒　孙洵著《民国篆刻艺术》南通印人入编　苏友泉著《吴昌硕生平及书法篆刻艺术之研究》出版，有文记述南通印人

1997　郁重今辑自刻印成《郁重今印存》一册出版　吴承斌辑自刻印成《吴承斌篆刻留真》一册由世界图书出版社出版

1998　马国权著《近代印人传》有南通印人入编　刘宗遗作《七十二候印谱》内部印行　刘宗著《历代书画名家款录印存》由中华工商出版社出版　丘石辑自刻印成《丘石篆刻选集》由西泠印社出版　《陈师曾印集》北京工艺美术出版社出版

1999　陈左夫卒　《西泠艺丛》介绍童昌龄《史印》许雄志作品《当代青年篆刻家精选集·许雄志卷》二册出版　梁章凯编《范曾捐赠宋元古印五十品》一册出版

2000　南通市美协主办"陈曙亭金石书画展"

2001　《南通市印人印作选集》内部发行

2002　汤意工卒

2003　南通博物苑编印《苦李艺萃》出版　韩天衡主编《中国篆刻大辞典》出版,收录南通印人辞条　文化艺术出版社编印《篆刻四大家印谱》收有陈师曾作品　黑龙江美术出版社出版《中国篆刻百家·王树堂卷》　香港天马公司出版《李夏荣篆刻作品选》　徐潘学静编印徐天从遗作《瘠父诗稿》

2004　马长啸卒

2005　曹简楼卒　《南通古今》刊登王树堂撰文《如皋印派概述》　《当代中国书法篆刻家王树堂作品精选》由湖北美术出版社出版　王树堂撰《东皋派印人许容》等九篇研究如皋派文章在《书法学习》连载　李夏荣编《东皋印坛》三册

2006　尤无曲卒　戚豫章卒　王公助卒　南通市文联编印《南通印痕》《黄稚松、李巽仪书画集——翰墨缘》内部出版　许雄志编《鉴印山房藏古玺印精华》一册出版　《书法导报》发表王树堂撰文《东皋印派概述》《通州布衣邵潜夫的篆刻》等　《书法报》发表王树堂撰文《东皋元老黄济叔》　《如皋文史》发表王树堂撰文《简论如皋印学流派》《淡雅俊逸童昌龄》　《戚豫章印稿》内部出版　《丘石印学研究文集》由中国文联出版社出版

2007　《中国书画报》发表王树堂撰文《东皋印派的孕育者邵潜夫》　《江海晚报》发表王树堂撰文《南通印人记》

2008　仲贞子卒　郁重今编《历代印谱序跋汇编》出版　荣宝斋辑尤无曲刻印成《近现代篆刻名家印谱丛书——尤无曲》出版　"双银杏馆、三松堂金

石书画回顾展"开幕　书法导报发表王树堂撰《潘西凤其人其印》　中国书画报发表王树堂撰文《如皋派的许容》

2009　河北美术出版社出版《周时君书法篆刻》

2010　汤成沅卒　南通市城市绿谷公园"篆刻阁"建成开放,展览南通古今篆刻史料和实物,展厅陈列由王树堂设计和收集展品

2012　徐天从遗孀徐潘学静著《九十年的回忆》以大量篇幅回忆徐天从诗书篆刻的艺术生涯,由上海书店出版社出版　刘大年、刘昌年编著《刘宗墨迹印痕》由江苏文艺出版社出版

2016　《霜荼阁诗——王个簃诗稿全集》一册由大象出版社出版　个簃艺术馆编印,黄稚松著《还读斋诗草》一册内部发行　南通市文联主办"南通市篆刻作品邀请展"

附录二

南通印人生卒年代及著作简表

王稚登　1535—1612
　　《吴郡丹青志》
　　《奕史》

邵　潜　1581—1665
　　《皇明印史》四卷　明天启元年（1621）刻
　　《邵山人集》
　　《邵潜夫别集》十一卷　明天启六年（1626）刻本
　　《字学考误》
　　《州乘资》四卷附续一卷　明弘光元年（1645）刻本
　　1961年南通市图书馆油印本　1985年南通市图书馆据弘光刻本内部影印发行
　　《潜夫诗选》
　　《友谊录》
　　《循吏传》
　　《志幻录》
　　《眉如草》
　　《游览诗》
　　《引年录》
　　《古言古诗稿》
　　《蜉蝣寄伤乱诗》

李潜昭　明代

赵　芳　1602—1691

程 邃 1605—1691
《垢道人仿古印存》一册 光绪十七年（1891）
《古蜗篆居印述》 四卷辑程邃、汪肇漋、巴慰祖、胡唐四人刻印而成
《钟鼎款式》 二十卷
《萧然吟遗》
《会心吟》

李 渔 1611—约1680
《芥子园图章会纂》
《闲情偶寄》
《比目鱼》
《风筝误》
《十二楼》
《芥子园画传》

黄 经 1619—1669
《黄济叔印谱》 1661年自辑
《黄济叔印存》 一卷 道光二十五年（1845）沈裕本剪贴作序本
《六书论定》 二十卷
《画品尘谭》

戴本孝 1621—1693
《赠冒青若山水图册》
《前生》
《余生》
《余生诗稿》
戴本孝刻印见《历代书画家印鉴》

范国禄 1624—1696
《十山楼诗集》
《扫雪集》

《江湖游集》

许　容　1635—1696

　　《谷园印谱》　康熙十九年（1680）二卷本

　　另四册本、六册本、九册本

　　康熙二十五年（1686）本

　　《谷园印存》嘉庆十八年（1813）华克昌辑一册二卷本

　　《韫光楼印谱》　二卷二册　康熙二十七年（1688）本

　　《许默公印谱》　一册一卷　康熙十三年（1674）本

　　《印鉴》　四册

　　《说篆》　一卷　1680年成书

　　道光二十年（1840）顾湘编《篆学琐著》收录"说篆"

　　《篆海》　一百二十卷

　　《石鼓文钞》　二卷

　　《破冢草》（破冢集）二卷

　　《印略》

　　《篆学辨似》

　　《读史初阶》

　　《鸥浮集》

许之男　清代

　　《古今篆韵》

　　《耕岩诗稿》

张　经　1642—1711

　　《印法》

童昌龄　1650—1718

　　《史印》　一册一卷　康熙十七年（1678）承庆堂印

　　《敬修堂印谱》　四卷

　　《韵言篆略》　一册　康熙四十七年（1708）

黄克业　1675—？

　　《黄克业诗》

姜任修 1676—1751

　　《读易辄书》　五卷　　《姜自芸集》
　　《读玄辄书》　四卷　　《读诗小笺》　五卷
　　《姜自芸时文》　　　　《白蒲子古文诗》
　　《汉魏六朝诗绎》　四十卷　《庄子辄书》
　　《楚辞绎》　十卷　　　《白雪青莲诗绎》　二卷
　　《唐五七律绎》　八卷　　《尺牍》　四卷
　　《白蒲子古文》　十卷　　《白蒲子编年诗》　三十六卷

丁有煜 1682—1764

　　《个道人遗墨》　1923年翰墨林影印　1930年石印本
　　《乾隆直隶通州志》二十二卷　乾隆二十年（1755）刻本
　　《南通州五山全志》二十卷　乾隆十六年（1751）刻本
　　《双薇园集》　五卷
　　《双薇园续集》
　　《与秋集》二卷
　　《个道人自书诗稿》　1930年石印本

沈凤 1685—1755

　　《谦斋印谱》　四册二卷　　康熙五十三年（1714，一说1715年）
　　雍正六年（1728）重订
　　乾隆十八年（1753）重订二卷

李方膺 1695—1755（一说1697—1755）

　　《梅花楼诗抄》　《山东水利管窥略》四卷抄本

顾慧芳　李方膺之孙女婿

姜恭寿 1717—1768

　　《毛诗编年》　六卷
　　《古文》四卷
　　《周易辙》八卷
　　《瓦叩录时文》　一百二十篇

《皋原诗集》 二十卷

姜鹿寿

项述怀 1718—1787

《伊蔚斋印谱》 二册 道光二十七年（1847）

汪肇滽 1722—1780

乔　林 1731—？

《墨庄印谱》

《篆隶汇编》

《金石萃言》

《寒碧轩诗抄》

乔昱

乔普

潘西凤 1736—1795

《四凤楼印谱》一册 乾隆二十七年（1762）郑板桥辑潘西凤、沈凤、高凤翰等四人刻印而成

潘本山　潘西凤之子　亦精篆刻

钱　坫 1741—1806

《说文解字斠诠》

《篆人录》 八卷

《朝邑县志》 十一卷

《韩城县志》 十六卷

《古器款识》

《十兰骈体文》 二卷

《十经文字通正书》 十四卷

《史记补注》 一百三十卷

《金凤玉笙诗》 二卷

《论语后录》

李　霁

《李瞻云印谱》

　　　　《李岑村印谱》
　　　　《城南草堂印谱》
　　　　《梦滇道人印谱》
　　　　《古柏楼杂俎》
　　　　《岑村集》
　　　　《岑村诗抄》
　　　　《牧牛村舍诗集》
　　李荣曾　1741—？　李霁之子
　　　　《耕先印谱》　一册　乾隆四十二年（1777）（韩天衡说）一说乾隆五十三年（1788）
　　范　驹　1757—1789
　　　　《藿田文集》二十卷
　　　　《染月山房全集》十三卷　首一卷末一卷
　　吴叔元　？—1786
　　　　《吴叔子印谱》
　　　　《秋吟馆摹印》
　　　　《宋儒印鉴》
　　黄楚桥　1762—1840
　　　　《黄楚桥印稿》　四册二卷　乾隆五十七年（1792）本
　　　　道光六年（1826）汪氏文园本　四册
　　　　历朝史印五册十卷　嘉庆二年（1797）汪氏文园本
　　　　道光七年（1827）　汪氏文园重印本　1922年印刷本
　　　　《纫香溆印存》　道光五年（1825）本
　　　　《东皋印人传》一册二卷　道光十年（1830）汪氏文园本
　　　　道光十七年（1837）楚桥书室本
　　　　1937年西泠印社本
　　　　2006《南通印痕》收入全文
　　沈裕本　近代
　　　　《黄济叔印存》　一册　一卷

　　　　道光二十五年（1845）沈裕本剪贴本

冯云鹏　1765—1835

　　《崇川金石志》一卷

　　《金石索》十二卷首一卷道光元年邃古斋本、1929年万有文库本。此书与冯云鹓合著

　　《扫红亭吟稿》十四卷　道光十年刻本

　　《红雪词》　甲集二卷、乙集二卷嘉庆十二年刻本

汤徽典　1770—1846

　　《亦庐余事四册》　道光十四年（1834）本

冯云鹓　1779—1857

　　《济宁金石志》八卷

　　《金石索》十二卷首一卷道光元年邃古斋本、1929年万有文库本　此书与冯云鹏合著

　　《（咸丰）直隶通州志续编》　稿本

　　《冯氏族谱续编》十卷首一卷同治六年大树堂刻本

　　《圣门十六子书（十六种）》道光十四年崇川冯氏刻本

　　《济南府志》

　　《济宁州金石志》

王　俊　1818—1891

　　《读画轩印存》一卷　光绪七年（1881）本

李恩绶　1835—1911

　　《留香斋诗集》

　　《留香斋印谱》　一册　嘉庆二十五年与居立斋合著

葛　桐　1849—1884

　　辑印《金罍山民印存》徐三庚刻　张峰石序

朱铭盘1852—1893

　　《桂之华轩文集》

　　《桂之华轩诗集》　一册四卷　1907翰墨林本　民国二十三年泰兴郑余庆堂本

童　晏　1857—1902
《瓦当印谱》一册光绪十九年（1893）本
摹何震《七十二侯印谱》二册　光绪十二年（1886）本

丁二仲　1865—1935
《太上感应篇印存》
《潞河丁二仲印存》一册
1918年朱节岳辑其印成《宾园藏印》
陈述猷辑其印成《述庐印存》
《半舫印存》一册王琛辑叶鸿翰、丁二仲印成谱
《现代篆刻选集（五）》收丁二仲、陈师曾、谢光印成谱　1984年上海书画出版社

孙　儆　1866—1952
经畬楼收藏南通文献目录

马久襄　1871—1954

葛竹谿　1872—1952

童大年　1873—1953
《依古庐篆痕》《肖形图像印存》《荚萃斋印谱》《周秦铜玺》《汉铜印谱》《古铜印谱》《瓦当印谱》《古人名印谱》《汉魏唐宋元印谱》《周秦汉魏唐宋元印谱》《摹古印存》《无双印谱》《橅古印谱》《童大年自用印醒庵印存》《童子雕篆》四册　1944年现代篆刻第八集　《童心庵印存》一册　1934年西泠印社

冒广生　1873—1959
《管子校注长编》　《疢斋藏印》四册　（辑明清印人及吴木戉印为谱）　《小三吾亭诗集》

赵宗抃　1874—1947

陈师曾　1876—1923
《槐堂摹印浅说》　1962年台湾省出版

《染仓室印存》 1924年姚华、张恬编八卷
又王瀣辑 1936年影印 四册
《陈师曾印谱》 1988年荣宝斋出版一册
《陈师曾印集》 1998年北京工艺美术出版社
《篆刻四大家印谱》 2003年文化艺术出版社辑
陈师曾、齐白石、陈半丁、寿石工等四家刻印
《中国绘画史》 1922年中国文人画之研究
《陈姚印存》 1932年杨昭俊辑陈师曾、姚华印一册
《不朽录》 俞剑华编 陈师曾、俞剑华编
《陈师曾先生遗墨》《陈师曾画选》
《槐堂爪痕》《槐堂诗钞》
《现代篆刻选集（五）》收陈师曾、丁二仲、谢光印
成谱 1984年上海书画出版社

谭组云 1876—1949

《海陵印存》四卷 《三谭书画集》《十人书画集》
《续艺舟双辑》

李苦李 1877—1929

《苦李艺萃》 2003年南通博物苑编

黄七五 1882—1964

徐贯恂 1885—1936

《蘅香馆印玩》《淡庐藏镜》《淡庐藏佛》
《淡庐诗文》《淡庐楹联》《碧春词》

季光鑑 1886—1910

费范九 1887—1967

《淡远楼印谱》《印心堂印谱》《南通县金石志》
《南通书画大观》《淡远楼诗集》《庸余杂墨》
《历代名画观音宝相》《平潮十景》《汇印淡远楼图》
《西愿堂文字般若、南通名画册》
《淡远楼联语》《延旭轩俪语》

林举伯 1892—1971
　　《居觉治印》二册　《林举伯篆刻》二册
蔡观明 1894—1970
　　《中国文学史》《孤桐馆文甲编》《南通方言疏证订补》《文学通义》《中国文字学》《栟茶史料》《知非录》《习医札记》《绿波传》《游侠外史》《筠娘遗恨记》
王个簃 1897—1988
　　《个簃画集》上下二册民国本　《王个簃画集》1982年版
　　《个簃印恉》1924年撰　《个簃艺术馆》2013年重印本
　　《王个簃随想录》《朵云》连载本1980年、1982年上海书画出版社本、2015年个簃艺术馆重印本
　　《王个簃霜茶阁诗》二册　1989年福建美术出版社
　　《霜茶阁诗——王个簃诗稿全集》2016年大象出版社
　　《王个簃纪念文集》一册　2007年中国文联出版社
　　《王个簃名画赏析》一册　施作雄编2007年文化艺术出版社
　　《王个簃宣传教育读本》　2013年个簃艺术馆编
　　《王个簃画集》一册　1981年上海人民美术出版社
　　《当代名家中国画全集·王个簃》　1992年古吴轩出版社
　　《王个簃书法选集》一册 1996年上海书画出版社
　　《王个簃画集》一册 2006年上海人民美术出版社
　　《王个簃印集》一册 1982年西泠印社
盛树人 1898—？
刘　宗 1898—1954
　　《七十二候印谱》　五十年代原拓　1998年后人重印
　　《历代书画名家款录印存》一册1998年中华工商出版社
　　《刘宗墨迹印痕》一册　2012年江苏文艺出版社
尤其伟 1899—1968

《虫学大纲》　1935年南通昆虫趣味会发行
　　《砚史补》　1990年通州艺苑内部发行

达展云　1900—1960

王贯三　1900—？

魏建功　1901—1980
　　《义卖藤印存》《独后来堂金石》《何必金玉印谱》
　　《古音学研究》《国学季刊》《天行山鬼印蜕——魏建功印谱》　参编《新华字典》《汉语成语小字典》

陈曙亭　1901—1980
　　《霞溪印存》　手拓本

王西农　1902—1975
　　《西农印存》　手拓本

徐天从　1903—1983
　　《瘖父诗稿》　2003年徐潘学静编
　　《嫩江集》
　　《农村木结构建筑》
　　《九十年的回忆》　徐潘学静、徐织著　2012年上海书店出版社出版（对徐老大量回忆文字）

张永定　1906—1935
　　《永定书法》　有正书局本　张永定治印

丁吉甫　1907—1984
　　《牧斋印存》　早期作品
　　《印章参考资料》　1961年南京艺术学院辑
　　《现代印章选集》一册　1980年江苏人民出版社
　　《毛主席诗词印谱》
　　《丁吉甫印选》　1989年上海书店出版遗作

杨泽章　1908—1944

严　肃　1909—1949
　　（徐志楠说1901—1942）（姚光义说1910—1949）

尤无曲　1910—2006
　　《陶风居士刻印》1941年尤一农编
　　《近现代篆刻名家印谱丛书·尤无曲》2008年荣宝斋
　　《艺术巨匠·尤无曲》2014年河北教育出版社
　　《荣宝斋画谱·尤无曲绘山水部分》
　　《光朗堂诗草》（南通市文联江海文库本）
　　《尤无曲泼墨山水技法》《尤无曲画花卉清供技法》
　　《尤无曲画松技法》《光朗堂画语录》

尤其彬　1910—1965
　　《岑英》　1933年上海开华出版局
　　《冰子治印》《步林治印》

黄稚松　1910—1994
　　《松堂印存》四册手拓本
　　《黄氏三松堂艺概》1992年黄婉编印
　　《黄稚松李巽仪书画集——翰墨缘》　2006年南通市文联编
　　《黄稚松印谱》（手拓本）
　　《还读斋诗草》（稿本）2016年个簃艺术馆编印本

赵仲希　1910—1991
　　《南通赵沐印存》《座右铭印谱》

黄幼松　1911—1978
　　《海门竹枝词》《幼松绣稿》
　　《幼松印存》一册 手拓本　《幼松诗稿》

鲍伯详　1911—1989
　　《鲍伯详印存》二十二册手拓自订
　　《人民英雄名印谱》手拓本　《治印琐言》《书法漫谈》《论书绝句》《甲骨文集联》《石鼓文集联》
　　（以上均稿本）

陈左夫　1912—1999

《左夫篆刻选集》
达云万　1912—1993
李斯可　1912—1997
任善铭　1913—1967
《无受室印存》
曹简楼　1913—2005
马长啸　1913—2004
《马谦印存》
王梦石　1915—
陆行夫　1918—
《听雨楼百美图谱》《听雨楼脸谱》
《听雨楼戏剧鞋帽》《中国古代美人发式》
仲贞子　1918—2008
《仲贞子诗稿》　自印
《仲贞子诗书画篆刻选集》1996年西泠印社内部印制
《仲贞子诗书画篆刻》2006年海风出版社
汤成沅　1916—2011
《涤生生活记趣诗文集》
《汤涤生纪年印存》一册　1995年台北书局　印林
《涤生肖形印谱》　1987年　《石刻唐诗三百首》
《金石字典》台湾维新书局、1995年北京中国书店再版
《涤翁八十留痕印谱》1997年
汤正幅　1920—2002
戚豫章　1921—2006
《戚豫章印稿》一册　2006年内部印
黄士英　1925—2003
胡之祁
《赐书堂印谱》《如皋县沿革考》一卷
孙　模　清初　《印偶》

释湛汎
　　《双树堂诗钞》五卷
钱　觐
　　《波斋百二甲子印》（辑自刻印）
朱　逸
　　《竹里山人印谱》《朱竹里印谱》《古声堂印谱》
朱　玮
　　《如皋汪氏文园绿静园图咏》　道光二十年（1840）
1920年费范九影印　　《晚翠山房集》
《独行堂诗存》二卷道光四年（1824）《草书编韵》
王宇春
　　《三砚斋印谱》六册　嘉庆十七年（1812）
　　《三砚斋金石编》六册　道光八年（1828）
吴金标
　　《澹如居印存》一册
朱　霞
　　《古稀再度寿印》二册　咸丰元年（1851）
　　《旷观楼诗集》
唐　铭
　　《壶道人印存》一册
钱文英
　　《印心堂印谱》一册一卷　费范九整理本
葛云洲
　　《葛云洲印谱》
李　琪
　　《幼学壮悔》《南通竹枝词》
施景禹
　　《小停云馆印略》
保　时

《逋园集》《梅花吟》
保逢泰
《仙岩诗钞》
徐　氏
辑《玉连环室印存》四册　光绪九年（1883）
周　悫　民国
《启秀篆刻印存》
朱竹书
《陋室铭印谱》
陈怀玉　光绪元年—1956
顾一中
钱地宜
魏　乔
黄宗绎
诸葛禧
马遂良
葛　侗
郑全韬
金　泽
金希曾
卑　金
松月居士
赵曾望
保加正
俞喻蒸
姚　鸿
秦惟一
徐金石
袁　子

葛　逵
谢庭玉
朱兆蓉
仇　燠
王　侃
周右枢
瞿凤和
周晋琦
　　《木樨庵印存》
杨介寿
　　《浸月楼印记》　道光本

附记：

本表收明末至近代南通地区印人名录，依据资料酌收有关著作和手稿，为读者阅读本书和了解南通印人群体作资料参考。印人的生卒年代以及诸种著作的版本年代资料记载有不一致者，本表未能一一核校和选择，欢迎方家指正或补充，以待日后修订更正。

附录三

主要参考书目

本书系作者积数十年读书卡片、剪报资料,采风笔谈、师友鸿爪以及大量近现代出版物、展览宣传材料等综合而成。现将主要参考书和部分报纸杂志列目,以备识者检索。尚有大量民间自印书籍、报纸、刊物,也有引用点滴材料者,因名目繁多,未及一一列入,敬望各界,尤其有关作者鉴谅是幸。

印人传	周亮工
续印人传	汪启淑
再续印人传	叶　铭
近代印人传	马国权
民国篆刻艺术	孙　洵
东皋印人传	黄楚桥
中国人名大辞典	臧励和
中国篆刻大辞典	韩天衡
中国书法鉴赏大辞典	刘正成
中国书画篆刻艺术词典	王崇人
中国印学年表	韩天衡
民国书法篆刻人物辞典	沈传凤　舒华
上海书画篆刻家名典	林子序
宋元明清书画家年表	郭味蕖
南通书法一千年	魏　武
江苏艺文志·南通卷	赵国璋

印学史	沙孟海
中国印章艺术史	刘江
中国篆刻史	叶一苇
中国篆刻史	赵昌智 祝竹
篆刻史话	肖高洪
美术丛书	黄宾虹 邓实
篆学丛书	顾湘
历代印学论文选	韩天衡
当代印学论文选	辽宁美术出版社
印学论丛	西泠印社
历代篆刻风格赏评	辛尘
印里印外——明清名家篆刻丛谈	孙慰祖 俞丰
明清篆刻流派印谱	方去疾
朱痕积萃——西泠印社藏品集	西泠印社
池北偶谈	王士禛
渔洋诗话	王士禛
竹刻艺术	金西厓 王世襄
王个簃随想录	王个簃
艺苑掇英	上海人民美术出版社
西泠艺丛	西泠印社
西泠艺报	西泠印社
南通今古	南通市地方志办公室
江海春秋	南通市地方志办公室
江海文化研究	南通市江海文化研究会
南通日报	南通日报社
江海晚报	南通日报社
书法学习	南通市青年书法家协会
书法探索	南通市书法家协会

后 记

如皋又名东皋,为苏北历史名镇;当年的翰墨林印书局西园,乃海派篆刻名家,苦李先生接待各路文友之处。敬以二处作为拙著书名,意在颂扬南通的如皋印派和海派。

谨遵惯例,在附录(三)列参考书目,此目未详列版本和版次,识者自行检索,不需刻意计较版别。

行文中,先后参考了严晓星、张应和、姚光义、杨谔、沈启鹏、刘聪泉、沈更生、杨久祥、陈晓慧诸友之文;包括未及记忆列名的诸友,还有帮忙摄影、扫描、打印、收集材料的诸君,均此致谢!

数十年来,本人有意收集乡帮文献和金石资料,有些书"踏破铁鞋无觅处",而觥筹交错之际,有幸师友雪中送炭,此中师恩艺缘,永志不忘。他们是王佩智、郭超英、曹用平、丘石、魏武、姚光义、刘兴华、何晓宁、尤灿、庄向星、徐织等,未及一一细载。

南通市江海文化研究会尤世玮副会长为全书进行审阅、校勘、润饰;三土广告公司为插图扫描,敬致谢意。

年事已高,许多卡片及存稿年代过久,加之藏书有得有失,引文和年代难以细细校对,少数冷僻字或难免误写,敬希读者指谬,敬候斧正。

一位翻译家说过:"写作是非常美妙的智力活动。"能花心智将拥有的资料写成小书,为多彩的家乡艺林奉上一杯忘情水,自饮共饮,嘉惠印坛,或觅知音,或求质疑,为盼。

树堂丙申识于恬庐